文 化 边缘话题 中 国

主编⊙乔 力 丁少伦

李叔同

明月照天心

段 宇/著

山东城市出版传媒集团·济南出版社

编辑委员会

主编人语

文化中国·边缘话题

中国传统文化悠远深沉、丰厚博广，犹如河汉之无极。对历史文献的发掘、梳理、认知与解读，则是一个持续不断的过程。而《文化中国：边缘话题丛书》，借以丰富坚实的史料，佐以生动流畅的散文笔法，倚以现代的思维和理性的眼光，立以历史的观照与文化的反思，将某些文化精神进行溯源与彰显，以启发读者的新审美、新思考和新认知。

何谓"文化中国"？"周虽旧邦，其命维新。"文化中国乃以弘扬中国文化为主旨，以传承中国文化为责任，以求提升中国民众的人文素质。而传统文化的发掘与传承，需要新的努力；传统文化解读与现代意识反思之间的纠葛与交融，需要新的形式。正如陈从周先生在《园林美与昆曲美》中所说的那样：

> 中国园林，以"雅"为主，"典雅""雅趣""雅致""雅淡""雅健"等等，莫不突出以"雅"。而昆曲之高者，所谓必具书卷气，其本质一也，就是说，都要有文化，将文化具体表现在作品上。中国园林，有高低起伏，有藏有隐，有动观、静观，有节奏，宜欣赏，人游其间的那种悠闲情绪，是

1

一首诗，一幅画，而不是匆匆而来，匆匆而去，走马观花，到此一游；而是宜坐，宜行，宜看，宜想。而昆曲呢？亦正为此，一唱三叹，曲终而味未尽，它不是那种"嘣嚓嚓"，而是十分婉转的节奏。今日有许多青年不爱看昆曲，原因是多方面的，我看是一方面文化水平差了，领会不够；另一方面，那悠然多韵味的音节适应不了"嘣嚓嚓"的急躁情绪，当然曲高和寡了。这不是昆曲本身不美，而正仿佛有些小朋友不爱吃橄榄一样，不知其味。我们有责任来提高他们，而不是降格迁就，要多做美学教育才是。

《文化中国：边缘话题丛书》，亦如陈从周先生所言之"园林"与"昆曲"，正是以展示中国文化此种意蕴与神韵为己任的。

何谓"边缘"？20世纪80年代后期，学术降落民间，走向大众，体现了对大众文化和下层历史的更多观照。由此，"大历史观"下的文化研究，内容日趋多元化，角度渐显层次，于是，那些不处于主流文化中心的，不为大多数人所熟悉的，或散落在历史典籍里的，但却是中国传统文化重要组成部分的人或事，日渐走进人们的视野，丰满了历史的血肉。对于这些人或事的阐述与解读，是对中国文化精神进行透视与反思的一个重要方面，其意义亦甚为厚重而深远。

何谓"话题"？《文化中国：边缘话题丛书》，为读者提供了一种文化解读的别样文本，讲求深入浅出、雅俗共赏，采用"理含事中，由事见理"的写作风格，由话入题，由题点话，以形象化、生动化的表述，生发出个人新见和一家之言。这种解说方式是以学术研究为基础的，绝不戏说杜撰，亦非凿空立论，正是现如今大多数中国读者所喜闻乐见的讲述方式，呈现出学术与趣味的统一，"虽不能至，固所愿也"。

《文化中国：边缘话题丛书》第五辑仍然共有五种，与我们的大型丛书系列《文化中国》（含《永恒的话题》和《边缘话题》两个子书系）之总体意旨、撰写取向相一致，持续阐发某种含蕴勃动着的深层文化精神，以求穿透漫长岁月织就的重重迷雾，彰显一份恒久的时代意义，立足于现代读者群体的认知意识，期待一些心灵的感应与契合，追寻、持守那纯净的理想主义色彩。

总体言之，本辑命名为"民国文化风范之约略"，则是选取悠悠历史长河中间，一个拥载着极特别极复杂意义的段落来作为展开背景和社会环境，对其多元多样化的文化现象进行"话题"式的剖析和评述——自晚清、民初以降，径直延伸，以迄于20世纪中叶——这是一个较为宽泛的时间概念。"三千年未有之大变局"在力度不等地冲击、影响、制约、更改着丛书中五个文化人物的生命轨迹与命运走势。尽管大师已去，种种文化性格随着时移世迁也或成为绝响，只留下渐行渐远的背影，但是，我们现在反倒更真切明晰地感知到他们那特定时代文化标志的符号意义，以及经由他们对理想和信念的坚持执守而诠释的人生的根本意义与恒久价值。

若仔细究察，这五位文化人物确是各自从属于不同社会类型，因之彰显出其特定的人文身份象征，异彩纷呈。虽然偶有交集，但交集远逊于差别，而各自拥载独有的命运形态与人生道路。如果大致给予归纳，则苏曼殊、李叔同二人，虽一位曾三次出家为僧，一位或虎跑寺壮岁断食，终生皈依空门，皆同样关系佛缘。但是就其整体生命的心相行踪而言，都依稀贯注了那份浓重的入世践行情怀与终极的精神追索，执念于"众生"。而章太炎却是始终以复兴弘扬民族文化传统为己任，从种族到家国、学理而及于思想精神，对其怀有极其强烈的责任心和使命感——"舍我其谁"。所以，无论作为激扬坚决的革命家，抑或终成经典的学问大家，并不被岁月磨洗掉亮色。至于王国维、陈寅恪则应是纯粹的学者，在这里，学术与生命已经坚密有机地汇融成一体。经时间，历空间，他们所创造的中国传统文化与学术的辉煌将面向世界、走进恒久。王国维博古通今、学贯中西，在文学、美学、历史学、古文字学等领域均有卓越的成就，特别是在甲骨学、简牍学、敦煌学等20世纪新学问上起到开创奠基的作用。他是在近代诸多学术领域扭转风气的学术大师，也是具有国际视野、享有国际声誉的顶级教授。他晚年自沉于颐和园昆明湖，其原因众说纷纭，迄无定说，但他的学术成就与文化气质都为后人所传颂。正如郭沫若所说，"好像一座崔嵬的楼阁，在几千年的旧学城垒上，灿然放出了一段异样的光辉"。陈寅恪是一个传奇，被傅斯年称誉为"近三百年来一人而已"。早岁曾以"三无"（无文凭、无著作、无资历）身份跻身于清华大学国学院"四大导师"之列，王国维自沉昆明湖前，将遗稿托付之。他是"教授的教授"，金针度人，桃李满天下，治学更独出机杼，辩证包容地凿通中西间壁，架构于世界文化和现代学理平面上进行，遂得有一片新绿耀眼。历史会铭记其"独立之精神，自由之思想"的品格、风骨。

诗云："鹤鸣于阴，其子和之。""鹤鸣九皋，声闻于天。"《文化中国·边缘话题丛书》洋溢着对中国传统文化的热情，贯通着对优秀文化传承倡扬的理想追求。它也依然循守这套大型丛书系列的整体体例和价值倾向，即根柢于可征信的确实文献史料，透过新时代意识的现代观照，出之以清便畅朗的"美文"与图文并映互动的外在形式，以求重新解读那些纷杂多元的历史文化话题及文学现象，就相关的人物、事件给出一些理性评说和感性触摸。所以，它因其灵活生动的巨大包容性，强调"可操作性与持续发展之张力"，已经形成一个长期的品牌选题，分若干辑陆续推出，以期最终构建起大众文化精品系列群。

乔力　丁少伦
2017 年初夏于济南玉函山房

目　录

早岁偏生世事艰

生于善人家

光绪六年九月二十日（1880 年 10 月 23 日），李叔同出生于天津河东地藏庵前（今陆家竖胡同）的一处三合院中。这所院子的主人是一位盐商，名叫李世珍。

天津地处九河下梢，河海交汇。明建文二年（1400），燕王朱棣以"靖难"为号召，率兵由此渡河南下，一路攻进南京，从其侄建文帝手中夺取了皇位。四年之后，此地设卫筑城，赐名"天津"，意为天子的渡口。明清两代王朝定都北京，远离经济中心江南地带。为了向首善之区输送至关重要的粮食，天津得航运之利，成为北方的贸易重镇。俗话说水聚为财，"九河下梢天津卫"正是这样一处聚财宝地。每年开河之后，南方出产的稻米源源北上，经天津转运进北京。海河连接今河北、河南等地，是重要的水道交通，华北、东北以及南方的贸易大多在此中转。过往的行商把东西长南北窄、形态方正的天津城形容为商号账房必备的算盘。华北的各式产品、辽东的粮食、南方的洋广杂货都在天津汇聚交易，它们如同算盘上的珠子上下翻飞。发达的商品贸易、与权力中心恰如其分的距离，还有独特的民风和市民生活，共同构筑了这里的文化底蕴。

至李叔同之父李世珍居天津当有四世，传到李世珍这一代，他凭借盐商的身份积累了一笔巨额财富。俗话说，山珍海味离不了盐，走遍天下离不了钱。从古至今，虽然朝代换了无数，但政府一直对盐业进行控制，从事盐业的商人们为此必须与权力的中心建立起关系。有了盐，自然就会有银子。清代盐商的富裕，到现在都让人眼红。别的不说，中国四大菜系之一的"淮扬菜系"，就是在短时期内让江南盐商及其帮闲们给吃出来的。天津盐商在聚集财富方面也不遑多让。

据后人回忆，李家先前所住河东地藏庵前的三合院，有北、东、西房各三间，北房后面有一个带三间灰土房的小后院。李叔同出生后不久李家便离开这处三合院，在河东粮店后街的繁华地段买下了一所更大的宅院。新宅院出后门不远就是海河，隔河与天津城东门外的天后宫和玉皇阁相望，靠近天津的发祥地三岔河口，那里在当时是绅商富豪的聚居地。在那些年月，时常会有骡行从河南护送李家盐务的收入，把它们运进这所宅院，这种场面叫作"来骡"。每次"来骡"的时候，李家前门大开，成箱的财物被卸在前面的柜房里，人们往来不绝，热闹至极。

盐业之外，李世珍还凭借雄厚的资本和卓越的经营才能参与了当时的银钱业。李家钱铺以"桐达"为字号，在业内颇有名气，被称为"桐达李家"。桐达钱铺的柜房就位于粮店后街李家宅邸的前院，柜房门前高挂着木制的抱柱对联，红底黑字，上下联的第一字分别是"桐""达"。钱铺平常经营银钱兑换，在盐业周转困难时则提供资金支持。据说，在宫北大街，李家还有一处做门市生意的桐兴茂钱铺。李家生意鼎盛的时候，在上海等地都设有分号。

李家气象固然不凡，但以天津之大，此等富商巨贾不知凡几，其财富势力虽然惹人艳羡，可是不能保证青史留名。有生之年，李世珍虽然没能够凭借家世和财富跻身于天津盐商的最上层，却因兼具学问和修养而受到社会上的尊敬。按李叔同的说法，李世珍生平精研王阳明之学，旁及禅宗，颇具功力。李叔同为弟子刘质平书写了李世珍当年的一副对联：

> 事能知足心常惬，
> 人到无求品自高。

李叔同在此处留下一笔小注："公邃于性理之学，身体力行，是联句其遗作也。"李世珍的这副对联虽然浅近直白，所表达的人生感悟却不可谓不深刻，体现出他慕学向善、胸有城府的人生境界。

当时的天津盐商，以豪华奢侈的生活而著称，从留存下来的清末盐商故居，我们可以一窥当时他们生活的状态。盐商的住宅规模宏大，气派非凡，除了有宽阔的居住空间，还有雅致的院落、长廊回环往复、亭台错落有致、陈设繁复考究。盐商在这里聚族而居，成群的仆人和侍女随侍左右，花鸟鱼虫之类玩物也有专人伺候。他们热衷于铺排阔气，相与炫耀，逢红白喜事往往场面盛大，长时间内都是天津街谈巷议中为人所津津乐道的话题。在这样的氛围中，不少盐商子弟把时间消磨在戏园、澡堂和各种娱乐场所，过着纸醉金迷、声色犬马的生活。清末张焘所撰《津门杂记》中唐尊恒的诗曰：

> 河东几甲号盐坨，
> 堆积官盐近更多。
> 赢得纲商佳子弟，
> 花天酒地尽消磨。

然而，在当时科举制度的背景下，这些盐商子弟的生活，又多少有些向社会风尚看齐的意味，带有一些文人的气息。早在宋代，科举制度已经深刻改变了整个社会，有些研究者干脆把这种

社会称作"科举社会"。在这种社会里，一个年轻人即使一文不名，只要去读"圣贤书"，就会被当作士大夫的后备军，将来成为"士"的一员，拥有荣誉和社会地位。士大夫推崇的"贫而无谄、富而无骄""贫而乐、富而好礼"这些教条，彰显了读书人的价值理念，一定程度上消弭了士人之间因经济差异而产生的社会身份差异。反过来，如果不具备士人的知识，那么即使坐拥财富也无法在社会中取得地位。有清一朝，商人在政治生活中因遭受贬抑而产生难以排遣的烦恼。一边是自居清高的贫士投来的冷眼，一边是富甲一方的儒商放肆的炫耀，在这种夹击下，一般的经商致富之流不由会对士人心生仰慕。因此，与儒家士大夫攀上关系，参与文人的舞文弄墨、诗酒唱和，以外在的风流遮掩身为苟利之徒的羞耻感，在社会上求得体面，也就成了很多商人的追求。

从士人的角度而言，虽然万世师表的孔圣人有"君子固穷"的教导，虽然他们也自我标榜气节道德，却也难以抵挡富贵的诱惑。自明朝后期以来，社会商业日益发达，商人的经济地位也随之提高。与商人们富足的生活相比，一直以圣人的门徒相标榜、以安贫乐道的"复圣"颜回为榜样的文人们感到有些气短。在这种环境下，士人们无一例外不面临着人性的考验。庞大的士人群体中当然有箪食瓢饮的理想主义者，而比起孔夫子更中意于"孔方兄"者亦不在少数。寒门儒士亲自下海谋利者不乏其人，充当富商之食客者更大有人在，这些寄人门下者为商人子弟提供教育，利用社会身份或专业知识为商人牟利提供帮助。商人们则为他们支付体面的报酬，足以让他们过上比一般劳苦大众更为优裕的生活。在当时的社会条件下，士大夫和商人非但不是泾渭分明，而且形成了特定的关系。文士们会"向下"靠近商人，商人们也乐得"高攀"文士。

天津的盐商历来有攀附文士的传统，他们在钱财满室、酒足饭饱之余，喜欢结交文人雅士，参与吟诗作赋，学一点名士的做派，不只是想表明自己绝非纯粹牟利之徒，还想摆脱社会生活的

低层次，以期在社会上开拓更大的空间。实际上，商人低下的地位对于他们开展商业活动相当不利，而与士大夫的结交，乃至获得功名，对其事业却有直接的帮助。较之其他行业的商人，盐商对于攀附士大夫有着更强烈的意愿。囿于利益所在，他们要更多地与官府打交道，与产区和引岸官员迎来送往是他们日常生活中的重要内容。

在这种情况下，盐商们与文人雅士建立了一代又一代延续的关系，并造就了天津独特的盐商文化。清代诗人张船山用"十里鱼盐新泽国，二分烟月小扬州"来描述天津的繁盛，由此可见盐商对天津文化的影响。由唐到明，依托运河漕运而蜚声海内外的扬州此时已经随着运河漕运的僵化而成为明日黄花。17世纪末长芦盐商以富有和花钱有魄力而著称，他们举办文人的宴会雅集，争购昂贵的书画作品，甚至为一些未发迹的文士提供长期的生活保障。不少名士因此而成为盐商的座上客，盐商的庄园别墅也成为文人荟萃之所。最有名的当属位于天津城西三里处运河南岸的水西庄。这座庄园是由盐商查天行和查为仁父子建设的，面积达一百余亩，绿树成荫，流水潺潺，各种风格的建筑掩映其间，奇石假山，歌台舞榭，充满了诗情画意。这座庄园在文学史上留下了浓墨重彩的痕迹——梅花诗社荟萃一时之英；在袁枚《随园诗话》中，它与扬州小玲珑山馆、杭州小山堂并列为三大私家园林，跻身海内名园；它因《红楼梦》的诞生走进永恒的历史，《红楼梦》中搭载了无数情愁的舞台"大观园"有学者认为很可能倒映的就是水西庄的影子。水西庄园内收藏了大量的书籍、绘画、古玩，吸引了大江南北的文人墨客酬唱流连，"名流宴咏，殆无虚日"，这里被看成乾隆初期天津的文化中心。盐商查为仁在水西庄不仅结交了大批的名流文士，他本人也成为一个颇有名声的诗人和学者。乾隆皇帝曾经四次幸临水西庄，这使得它更加名噪一时。

曾是当年诗酒地，

行人犹说水西庄。

诗客酒豪落零尽，

渡头杨柳尚依依。

——清·崔旭《津门百咏》

位于天津的李叔同故居（今李叔同故居纪念馆）

6

道光之后，水西庄逐渐颓废，不再有往日的荣光，但它所承载的盐商文化却延续了下来。长芦盐商贾而好儒、诚而下士，在历史上有其独特的文化。李叔同家族就是在这种环境中繁衍的。

在粮店后街那座庄严中透露出华贵气息的宅院大门上，常年高挂着一块"进士第"的匾额，这是家族荣耀与地位的象征，它是由李世珍争得的。他前半生一直是在苦读中度过的，跋涉在科举之路上。李世珍早年在家馆教过书，做过塾师——这是传统社会读书人最常见的一条出路。道光二十四年（1844）恩科乡试，李世珍得中举人。这一年，他已经32岁了。

根据科举制度，有了举人的功名，也就获得了参加会

北京贡院——科举考试考场

试考进士的资格。李世珍中进士是在同治四年（1865），这时距离他中举已经 21 年。

清代进士分三个等第，也就是三甲。一甲三名，赐进士及第；二甲赐进士出身；三甲赐同进士出身。在同治四年乙丑科的进士榜上，李世珍列在三甲第七十九位，位置相对靠后，所以被分派为知县。靠着殷实的家境，李世珍在向朝廷做了捐纳后，又被任命为吏部文选司主事。清代官分九品，每一品又分正、从两级。主事只是一个中级官员。一般而言，清朝的官员 60 岁就要退休，称为致仕。以李世珍中进士的年龄，他在官场的发展前途已经大受限制。李世珍在吏部主事的官位上没待几年就告退回了家乡，到同治七年（1868），他的身份已经是天津的一位"在籍士绅"。

李世珍取得举人、进士功名，这对李家进一步走向兴旺发达有着重要的意义。19 世纪晚期的桐达李家之所以成为天津名门，李世珍的功名是一个重要的基础。

士绅是中国传统社会特定的存在。一般而言，获得功名而未入仕的人都在士绅之列。所谓士为四民之首，绅为一邑之望，表明他们在社会上的地位。读书人获取功名，不仅可以改变自身的处境和家族的声望，也能够获得相当的权力，一定程度上去参与公共事务。李世珍的"在籍士绅"身份助他成了天津社会的头面人物，地方志的有关记载可以印证这一点。同治七年，太平天国运动之后活跃于北方的捻军由河南攻入直隶（今河北），兵锋直逼天津附近。时任三口通商大臣的崇厚修造围墙、城壕，发动天津士绅组织民勇守卫。据记载，这次守城的除了水会铺勇万人外，士绅吴惠元、张秉钧、李世珍等各带民勇数千，登城助守，"旗帜灯火，昼夜相望，声势浩大，贼知有备，不敢逼近"。在击退捻军的进攻后，崇厚保奏出力人员。这年八月初二日，清廷发布上谕：

主事李世珍等均著赏戴花翎，李世珍、宋文寿均赏加四品衔。

李世珍在这场天津防卫战中的角色，表明他已经是当地颇具声望的领袖人物。而清廷的认可和褒奖，也许是他一生获得的最高荣誉。

科举的"敲门砖"作用，通过李世珍的人际关系网也可窥见一二。李世珍中进士那一年，三甲之首是后来誉满天下的桐城派宗师吴汝纶。这位状元郎生于 1840 年，中进士时年仅 25 岁。他曾求学于大名鼎鼎的曾国藩门下，为"曾门四弟子"之一，与李鸿章关系密切。李鸿章担任直隶总督后，吴汝纶入李鸿章幕下，曾长期在天津活动。1880 年左右，他一度担任天津知府。在科举时代，同一年得中者彼此称为同年，这种关系在官场上往往有重要的作用。一些资料显示，李家与 19 世纪下半叶长期担任直隶总督兼北洋大臣的李鸿章有着非同一般的关系。在李世珍的葬礼上，李鸿章亲自"点主"（旧时为死者书写"×××之神主"的灵牌时，"主"字上的一点事先留空，出殡时才由获得功名的人填上，这种礼仪称为点主），马三元（即马玉昆，时随李鸿章在直隶办理营务）"报门"（出殡前由全副戎装的武官首先祭奠，称为报门）。从此种情形看，李世珍生前与李鸿章这位晚清当权人物并非仅是泛泛之交。光绪二十二年（1896）八月，李叔同在写给李家账房先生徐耀廷的信中有语及李鸿章之处："李鸿章兄至九月初间，可以来津。王文韶兄降三级留用。"王文韶调任北洋大臣兼直隶总督是光绪二十一年（1895）的事，此时李世珍已过世多年，但李家显然仍保持了与官场的来往。李叔同早年曾为李鸿章刻过两方印章"鸿章私印""少荃"，也可佐证这一点。

士大夫对于儒家提倡的"仁"自然是"当仁不让"，受到士风浸染的李家也不例外。刊于光绪二十五年（1899）的《天津府志》载：

李世珍，字筱楼，道光甲辰举人，同治乙丑进士，吏部

文选司主事，七年以团防功得四品衔花翎。光绪五年纠同心建备济社，捐集巨资备荒年赈济之用，凡每岁施放钱、米、衣、药、棺木，及牛痘局、恤嫠会、义塾诸善举，皆取办焉。旧有寄生所，仿其规制，出资立有存育所，俱收养贫民。

备济社实际成立于光绪二年（1876），一直到民国年间，由李世珍手创的这一慈善机构仍然在活动。1931 年成书的《天津志略》记载说，备济社设于粮店后街孙家胡同，主办恤嫠、冬赈、种痘，并附设有一个诊疗所。主管人为天津名流、曾经是李叔同少年时代老师的赵元礼，另有董事五人，职员二人，种痘技师二人。他们向饥民发放充饥米粮、御寒衣服，接济生活无着的寡妇，春秋二季还负责接种天花疫苗……其事业如此。

李世珍创办的备济社由官商合作运营，备济社的资金来源，由船捐、绅捐两部分组成。按照规定，凡是山东、奉天（沈阳市旧称）、江浙一带来天津贸易的海船，不论装运什么货色，一律按该船装运粮食合计，每石捐银五厘，上交备济社绅董司事，是为船捐；所谓绅捐，主要是盐商的捐款。两部分合起来是备济社的本金，本金用以投资商业，赚取利息，以利息银济贫备荒。显然，倘若没有官方的背景，一个普通的慈善团体不可能通过抽取船捐来获取运转资金。盐商虽然需要提供捐款，但可以挪用本金来应对周转。这对于经营规模很大，往往面临资金暂时短缺的长芦盐商而言，是有实际意义的。不仅从官方获得了支持，李世珍还和其他盐商成功地争取到更多的权益，使备济社能够尽可能地避免因行政干涉而夭折的命运。官方保证，地方即使有紧要公事，也不能动用备济社中的银两。这种独立性也许正是备济社一直到民国时期都能够得以维持的一个重要原因。

承担社会救济之责，是中国士绅阶层参与地方自治的一个传统。在传统中国社会，乐善好施可以看作是地方士绅的传统美德。德行可以提高他们的社会声望和号召力，使他们在社会事务中获得更大的发言权。李叔同的徒弟胡宅梵写下的《记弘一大师之童年》一文，记载了李世珍的生平善行，李叔同的诞生日，以及李家大举放生的情形。文中写道：

> 筱楼公精阳明之学，旁及禅宗，颇具工夫。饮食起居，悉以《论语·乡党》篇为则，不少违。晚年乐善好施，设义塾，创备济社，范围甚广，用人极多，专事抚恤贫寒孤寡，施舍衣食棺木。每届秋末冬初，遣人至各乡村，向贫苦之家探察情形，并计人口之多寡，酌施衣食。先给票据，至岁暮，凭票支付。又设存育所，每届冬季，收养乞丐，不使冻馁，诸如此类，不一而足。年斥资千万计，而不少吝惜，津人咸颂之曰"李善人"。性喜放生，所放鱼鸟不知凡几。公自长子死后，仅存庶生次子，又多病，恐复夭亡，乃娶师之生母。当师诞生日，捕者以鱼虾踵门求买放生，聚绕若会，状极拥挤，鱼盆之水，溢于外者，几汇流成渠矣，公则尽数买而放之。又放鸟亦甚多。自后每逢师生辰，必大举放生如故。

胡宅梵称，这篇文章是 1930 年李叔同莅慈溪金仙寺时，由他口述的内容整理而成，后又经他亲笔改正，具有相当的可信度。李叔同对父亲生前事迹的这段陈述，不仅能让我们对李世珍的品性有所了解，也反映出李叔同记忆中父亲的形象。关于李世珍去世时的情景，胡宅梵写道：

> 公年至七十二，因患痢疾，自知不起，将临终前痢忽愈。乃嘱人延请高僧，于卧室朗诵《金刚经》，静聆其音，而不许一人入内，以扰其心。

李世珍去世是在 1884 年，终年 72 岁。李叔同曾表示，他从 5 岁起常常见到出家人，按照时间推算，他早年与佛教的亲近，大

明月照天心
李叔同

约就是始于父亲去世之际。据说，李世珍去世时毫无痛苦，安详如入禅定。灵柩藏家凡七日，每日延僧一班或三班，诵经不绝。这种场面给幼年的李叔同留下了深刻的印象。他目睹了父亲停柩发丧和僧人诵礼的过程，非但不惊慌，反而把每个关节的具体情景都记在心里。甚至在多年以后，他还经常仿效当时的情景和侄子李麟玉（字圣章）等玩和尚念经的游戏。

还有一种说法是，李世珍病故后，"有王孝廉者，曾到普陀山出家，返津后居无量庵。叔同大侄媳早寡，从王学《大悲咒》《往生咒》等，常旁听，亦能背诵"。这里所说的大侄媳就是李叔同大哥李文锦之子李绳武的妻子，丈夫早逝后，她靠念经来打发岁月是有可能的。不过，李家后人不认可这位大侄媳一人在家信佛，由僧众教诵经的说法。在当时严守礼教的大家庭里，放任孀居的家庭女性成员去和和尚独处，这绝对是不可容忍的。但既然这些零散而遥远的记忆是由李叔同亲述的，那么至少可以证明他早年即对佛教有好感。李世珍去世前，又曾为自己撰得这样一副遗联：

> 今日方知心是佛，
> 前身安见我非僧。

他身为一个儒商离开了这个世界，而后来这句话却应验在李叔同身上。

李叔同的出生对桐达李家来说是一件大喜事，老士绅通过大举放生来为自己的儿子祈福，表达出他难以按捺的喜悦之情。传说李叔同降生时，有喜鹊衔松枝降其室，父母视为吉兆，便将松枝送与李叔同。一直到李叔同去逝时，松枝还挂在他床头的墙上。老士绅给三儿子取了幼名"成蹊"，典出司马迁笔下的"桃李不言，下自成蹊"。《史记》里的这句话本来是纪念飞将军李广的，一位父亲，在一个人人看清了国家面临危难的大时代，给儿子取了这样一个名字，是否有着更深的含义呢？

停泊在大沽口的俄国兵舰

时逢诗家幸

李约瑟曾对"稳定的东洋和不稳定的西洋"发出过由衷的感慨。如果没有当时外来的压力,这个政治统一、对外封闭、自身治乱循环的中华帝国会在自己的道路上走向何方,这是无数史书的读者会畅想的问题。然而拥有坚船利炮的英国人终于带着冒险精神、海盗习气和发财的热望来了,他们雄心勃勃地想在太平洋的西岸做出大事业。大航海时代与工业革命的冲击紧随其后。

天津自明初设卫以来,历时 4 个世纪,发展成为东亚闻名的都市和港口,又坐享首都东大门的地位,这座城市于是在那个风云变幻的时期处在了漩涡的最中心。16 世纪以来,西方列强开启了大航海时代,他们把越来越多的目光投向了遥远却富足的东方,地大物博的中国日益成为他们觊觎的目标。他们处心积虑地企图打开天津这个重要口岸,志在把天津变为登陆中国的桥头堡、控制清政府的基地。

早在 1730 年,沙皇俄国派往中国的特使萨瓦就在给沙皇的情报中,提出用一支强大的海军舰队,绕过朝鲜半岛,侵占天津进而进攻北京的建议。1793 年,英国特使马戛尔尼来到中国,经由大沽口进入天津,再前往北京和热河。他向清政府提出,希望在天津等处通商,却遭到乾隆的拒绝。马戛尔尼在逗留天津期间,以天津为中心,多方搜集中国政治、经济、军事等方面的情报,为日后做了战略性的准备,终于在鸦片战争打响后收获了成果。

18 世纪晚期,从海上来华贸易的,英国居首位,其次是美国。他们把持中国的茶丝贸易,在运回欧洲的买卖中获得巨额利润。

而由于他们的货物在小农经济占主导地位的中国销路很少，长期以来，英美对我国的贸易存在巨额逆差。面对这种情况，他们最终通过把大量鸦片运到中国，以贩毒来攫取更多更大的利润，并以此来平衡贸易赤字。1830 年以后，中国的国土上鸦片走私急剧增加，流毒益广。

到了鸦片战争前夕，天津已成了鸦片走私的主要输入口之一，每年总有大量白银从天津流进外国毒贩的腰包。1838 年 10 月，仅从大沽口停留待验的一艘闽广商船上，就查出走私鸦片十三万一千五百多两。当时，等待检验的商船还有一百多艘，一见形势不妙，毒贩们便迅速掉头逃往外洋。船队中藏有的走私鸦片总量当是一个非常惊人的数字。

1840 年 6 月，英国侵略者在广州挑起第一次鸦片战争，驻广东的清军在民族英雄林则徐的领导下进行了抵抗。于是，英国侵略者又派出兵舰，向北进犯大沽口，意在以大沽口为跳板进攻天津，进而威胁北京。8 月 28 日，英国方面又威胁说，要在天津纵火，烧毁天津城和聚集在天津的漕船，以迫使清政府就范。大沽口外，英国方面设置了封锁线，过往漕船有的遭到拦截和抢劫。最终北上的英军进逼南京城下，大清帝国被截断了漕运大动脉上另一处至关重要的节点，首都机能面临着缺血的困境。清政府屈服了，撤职查办了林则徐，并签订了丧权辱国的《南京条约》。达到这一系列的目的后，英国远征舰队离开天津周围海域，南返广州。

中英《南京条约》于 1842 年签订后，美、法等国都争相"援例"，相继和清政府签订了类似的条约，清廷深以为耻。条约期限临近，英、美、法又向清政府提出"修约"的要求。而深感城下之盟的屈辱、无意继续续约的清政府没有做出答复，而是采取了沉默的态度。清政府一味的拖延和躲避让西方列强失去了在谈判桌上交涉的耐心，他们再次起兵北上，以武力直接向清朝中央政府施加压力。先是英国在 1850 年，后来英国又伙同美、法两国在

1854 年，用风帆战列舰载着海军陆战队直逼大沽口外，要求"修约"。"修约"的要求依然遭到了咸丰帝的软抵抗。

到了 1856 年，英国和法国再次挑起了新的侵略战争。这次战争被看作是第一次鸦片战争的继续和扩大，所以被称为第二次鸦片战争；又因为大清的对手是英、法两国，所以也叫"英法联军之役"。与十六年前相比，大清帝国此时还深陷农民战争的泥淖中，太平天国引发的兵火正在焚毁被视为帝国粮仓的江南地区，"长毛"北伐军的兵锋甚至一度也指向了天津。英、法两国在 1857年攻陷广州后，又在 1858 年登陆大沽口，逼清政府签下《天津条约》。联军的贪婪与清廷的颟顸之间的碰撞并没有结束，1858 年 4月到 1860 年 7 月双方围绕大沽口炮台又先后开展了三场战役。大沽口失陷，津门洞开，随之而来的八里河战败与圆明园劫火都是势所必至。随着中国一步步走进半殖民地的深渊，士人们抛下现实躲进书斋，逃遁回经书的世界，他们的样子因此变得滑稽和尴尬。一直以来被奉为圭臬的儒家治国方案在这时遭到了前所未有的挑战，科举制度选拔出的士人精英群体的执政参政水平遭到怀疑和嘲笑，士人在社会中所处的中心地位发生动摇。唐宋以来持续了千年的士人社会在这种外来的强烈冲击下震荡、松动，存在着随时解体的可能。

1861 年，鉴于之前历次对外战争的惨败，清政府中一些大臣，如曾国藩、李鸿章、左宗棠以及在中枢执掌大权的恭亲王奕訢等，开始认识到中国正面临着"数千年未有之变局"。在这种变局面前，他们重新拾起魏源等"经事派"提出的"师夷长技以制夷"的思想，主张模仿学习西方列强的工业技术和商业模式，通过官办、官督商办、官商合办等模式发展近代工业，寄望于通过实施有限的变革来获得强大的军事装备，增加国库收入，增强国力，维护统治权力的完整性。1 月 11 日，咸丰帝批准了恭亲王奕訢会同桂良、文祥上奏的《通筹夷务全局酌拟章程六条》，以富国强兵为目标的洋务运动自此开始。3 月 11 日，中国首个外交机构——

总理各国事务衙门成立，负责掌管对外事务，后来成为推动洋务运动的主要机构。另外，为了应付对外通商事务，清政府于天津置三口通商大臣，后在 1870 年改为北洋通商大臣，仍然驻天津，由直隶总督兼任。随着 1867 年中国第一个近代化兵工厂北洋机器局开始兴办，兴办洋务的热潮在天津节节高涨。1880 年，为北洋水师提供全面支持的大沽船坞也开始兴建。1874 年到 1879 年，中国第一条电报线路在天津和大沽之间贯通；1880 年，李鸿章奏请将这条线路延伸到上海，同时兴办电报总局和电报学堂。

此时的天津风云交汇。1880 年，时年不过二十多岁、身为侧室的王氏为年届七旬的李世珍生下了李叔同。李叔同有两位异母

天津劝业会场

哥哥，长兄李文葆早夭，次兄李文熙长他 12 岁。

1884 年，老士绅李世珍抛下娇妻幼子溘然长逝。年幼失怙，尚在牙牙学语的李叔同可能并没有特别的感受。后回忆起童年，他描绘的景象依然是明媚和欢快的：

> 春去秋来，岁月如流，游子伤漂泊。
> 回忆儿时，家居嬉戏，光景宛如昨。
> 茅屋三椽，老梅一树，树底迷藏捉。
> 高枝啼鸟，小川游鱼，曾把闲情托。
> 儿时欢乐，斯乐不可作。

儿时欢乐，斯乐不可作。

这是后来李叔同模仿日本歌词作家犬童球溪《故乡的废宅》所作的歌词，起名为《忆儿时》。童年记忆对李叔同的性格形成，其重要性不言而喻。

李文熙，字桐冈，生于同治七年（1868），卒于1929年，在李世珍去世之后继任了桐达李家的掌门人，承担着家族发展的重任，也成为李叔同早年生活的督导者。李文熙接受的是传统教育，获得过秀才功名，本来作为读书人也是行走在追求功名的路途中，但是由于父亲的过世、桐达李家的衰落，他只得放弃学业，运用掌握的知识去行医，以维持家族生计。在家族内部管理上，他表现得非常传统，强调守礼宗法、尊卑分明，一举一动都必须合乎规矩。李叔同次子李端对这位二伯父治家的严格体会非常深刻。他回忆说，四哥李麟符（李文熙之子）早年得羊角风病，有些呆傻，犯病时，二伯父就让家人把他捆起来。有一次来了一个道士化缘，四哥用棍子打了道士，经众人劝说，又给道士钱，才算了事。二伯父出诊归来后知道此事，就让家人把四哥的衣服脱光，扣在院中的大缸里冻着。"当时我母亲出面，带着一家的女眷跪地相求，他才答应把四哥放出来。"李端回忆幼年过春节时的情景还说：

> 每年过春节，我家都是由我的二伯父在大年三十夜，先在佛堂和李氏宗祠这两处地方焚香磕头，以后相继的是我的三哥、四哥、七哥、九哥和我这几个晚辈男子跟着磕头。家中的佛堂在前院三间北房，即我奶奶住的外屋中，李氏宗祠在后院南房我们住的外屋间。记得磕头时我排在最后，因为是小孩跟着前后院跑，有时忙得才磕两个头就起来追前边走的人，心里也是紧张害怕。

李文熙这种严厉死板而显得刻薄寡情的性格，让他难以避免和家族其他成员发生冲突。有一说，李叔同自幼随兄长读启蒙书《三字经》《百家姓》时就受到严格的管束。稍长，李叔同觉得兄长口头上强调"贫而无谄，富而无骄"，行为上却是另一套的市侩嘴脸，见富贵者谦恭有余，见贫贱者则大声呵斥。他便反其兄之道，给贫苦及告贷的邻人以格外的尊重。这种被家人认为反常的行为，加深了李文熙李叔同兄弟之间的矛盾。传统的大家族中，往往存在或明或暗的内部冲突，但是否就如上述记载所说，已经难以印证。李叔同一生，对这位兄长没有留下只言片语的评价，外人也很难得知大家族内部真实的情况。

李叔同对母亲王氏始终抱有深沉的情感，这一点不难理解。从常理推测，最晚进入桐达李家、与李世珍仅仅生活了六年左右的少妾王氏，在老盐商去世后，多少会感受到大家族中人情冷暖的变化。退一步讲，即便这个大家族内部并没有太大的冲突，但因为家族成员处境不同，心理上的感受往往也有相当的差别。一些记述表明，李叔同母子在大家族中确实感受到了排挤。不仅李叔同后人的一些回忆多少透露出对李文熙的不满可资参照，李叔同本人对这位长兄的态度亦可玩味。李叔同后来说自己的母亲很苦，这恐怕与他年幼时在大家族中的体验不无关系。

在这样的处境下，李叔同很早便表现出文人多愁善感的情绪，对人生的无常时有感触。他在少时养猫成癖，敬猫如人。据说，李叔同八岁时，从乳母习诵《名贤集》，对"高头白马万两金，不是亲来强求亲。一朝马死黄金尽，亲者如同陌路人"这样的句子颇有体会。他念过《格言联璧》之类的书，15 岁时已能吟出"人生犹如西山日，富贵终如草上霜"这样的句子。这种情怀的流露与他幼年的生活环境有脱不尽的关系。从少年时代开始，李叔同就以母亲的出生地浙江平湖作为自己的籍贯。这种做法，一方面表明他在情感上对母亲深深依恋，另一方面也可以理解为他对桐达李家的一种无声的反抗。李叔同在结婚后第二年，就携妻、母一起南迁上海，这可以看成是一个阶段性的小结局。在后来的岁月里，除了有限的几次北返，李叔同大多数时间都是在故乡天津之外度过的。这多少也显示出这个家族中存在着看不见的裂隙。

当然，家庭环境对个人成长的影响一言难尽，其作用必然是复杂的、多层次的。李叔同严于自律，这是他给同时代人留下的深刻印象。这种品质也和他早年在这种家庭环境下养成的习惯有着很大关系。李叔同晚年，在厦门南普陀寺的一次讲演中，曾回忆起自己少年时存朴堂前受教的情景：

> 我记得从前小孩子的时候，我父亲请人写了一副大对联，是清朝刘文定公的句子，高高地挂在大厅的抱柱上，上联是"惜食，惜衣，非为惜财缘惜福"。我底哥哥时常教我念这句子，我念熟了，以后凡是临到穿衣或是饮食的当儿，我都十分注意，就是一粒米饭，也不敢随意糟掉；而且我母亲也常常教我，身上穿的衣服，当时时小心，不可损坏或污染。这因为母亲和哥哥怕我不爱惜衣食，损失福报，以致短命而死，所以常常这样叮嘱着。
>
> 诸位可晓得，我五岁的时候，父亲就不在世了！七岁我练习写字，拿整张的纸瞎写，一点不知爱惜。我母亲看到，就正颜厉色地说："孩子！你要知道呀！你父亲在世时，莫说这样大的整张的纸不肯糟蹋，就连寸把长的纸条，也不肯随便去掉！"母亲这话，也是惜福的意思啊！

他还回忆说，小时候吃饭时，桌子没有摆正不能吃，母亲会用孔子所说的"席不正不食"来教导他。据称，李文熙对李叔同的督教非常严格，不允许稍作越礼之事。事实上，幼年接受的这些生活仪轨教育，在李叔同的气质中留下了深刻的痕迹，接触过他的人，无不将法师的律己精神当作他的天性。

光绪二十一年（1895），李叔同考入天津的辅仁书院。创设于

道光年间的这所书院，是晚清天津一家著名的教育机构。科举时代的书院，其最主要的职能是提供作文的训练，即练习所谓"制艺"，也就是八股文。清朝科举制度沿袭明代，专以四书五经命题，谓之制艺，这是科举考试的标准文体。李叔同在书院接受的就是这一训练。书院每月考课两次，一为官课，一为师课，课卷评定等级，发给奖赏银，以督促学业。据说，李叔同在辅仁书院学习时文章和书法都很出色。在这期间，他亲手抄写了山西浑源县恒麓书院教谕思齐对诸生的一份《临别赠言》：

> 读书之士，立品为先。养品之法，惟终身手不释卷。……诵读诗书，论世尚友，是士人绝大要着。持躬涉世，必于古人中择其性质相近者师事一人，瓣香奉之，以为终身言行之准。……古文则须于唐宋八大家中师事一家，而辅之以历代作者；时文则须于国初诸老中师事一家，辅之以名选名稿。小楷则须于唐贤中师事一家，而纵横于晋隋之间。……天分绝伦者无书不读，过目不忘。此材诚旷代难逢。至于中人之资，总不能博览兼收，而四部之中，亦有万不可不讲者。……制艺之道，方望溪以"清真雅正"为主，此说诚不可易。自来主司取士，无人不执中异不中同之说，习举业者，不可不知。应试之文，必有二三石破天惊处，以醒阅者之目，又须无懈可击，以免主司之吹求。小楷是读书人末技，然世之有识者，往往因人之书法卜其终身。其秀挺者，必为英发之才。其腴润者，必为富厚之器。至于干枯潦草，必终老无成。大福泽既不可期，小成就亦终无望。况善书之士，大之可以掇词科，小之可以夺优拔，要皆士进之阶。有志者诚不可忽也。

从内容上看，这篇赠言大体上是读书应试的要则，以供有心仕进者参考。李叔同对这篇文字十分珍视，反复研读，可见当时的李叔同，对科举功名的追求是很用心的。事实上，在科举制度摇摇欲坠之时，由于强大的社会惯性，李叔同在天津早年接受的教育依然没有脱离科举制度下应举教育的轨范。

与此同时不可忽略的是，在李叔同束发读书的年代，周围的环境已经在逐渐变化。天津作为国内屈指可数的海运港口，清代中期以后就是西洋货物输入北方的主要口岸，林林总总的洋货充斥了码头和市场，人的思想也随之变化。天津由于商贸的发达，其实早已成为北方开风气之先的地区，《津门杂记》中记载的一首诵咏乾隆、嘉庆年间天津贸易情形的竹枝词写道：

百宝都从海舶来，玻璃大镜比门排。
荷兰琐伏西番锦，怪怪奇奇洋货街。

及至 19 世纪 60 年代开埠通商之后，天津更是成为西洋文明在北方最重要的集散地。对外贸易的繁盛，租界的设立，为这座城市平添了几分欧陆风情。李鸿章以天津为中心举办的洋务事业，不仅带进了新的生产方式，也聚集了一批新式人才，这使天津成为北方受到西方文明浸染最深的一座城市。

在西方文明输入的背景下，舶来的西学逐渐在社会上引起关注，在对传统文化造成冲击的同时，也影响到读书人的价值判断和知识选择。就在李叔同入读辅仁书院这一年，直隶总督王文韶上奏光绪皇帝，请求办理北洋西学学堂，学制一概向美国大学看齐。它以中国近代第一所新式学堂被载入中国近代教育史史册。次年，北洋西学学堂更名为"北洋大学堂"，后来与河北工学院合并成为天津大学。天津的其他学堂争相仿效，陆续改制为新式学堂。伴随着洋务运动的深化，新式学堂的办学经费愈加充足，而旧式书院面临了经费削减的危机。在李叔同接受教育的过程中，学堂里由西方风气带来的影响已经显而易见。

光绪十三年（1887），清朝总理衙门与礼部曾议定科举增设算

学科，尝试将西学纳入科举考试，但后来因为无人报考而无形废止。不过，到了1890年，随着西学影响的日渐扩大，其对科举考试的冲击也越来越直接。1894年，比李叔同早出生4年，后来也到日本留学的曹汝霖考中了秀才，因为不喜八股文，又听到科举将废的说法，后来就再未入闱。曹汝霖生活的上海，是当时国内西学传播的中心，科举将废的说法在当时应该只是传言，但可见沿海都市读书人对此已有预感。及至甲午战争之后，科举改革成为一个重要议题，也得到了官方的回应，西学的地位因此迅速上升。1896年，一则消息说，天津各书院奖赏银将减去七成，归于洋务书院，李叔同所在的辅仁书院也在裁减之列。这一现实的变故，使书院诸生直接感受到西学的冲击和前途的迷茫，以至于李叔同发出"文章虽好，亦不足以制胜"的感慨。一位名叫朱莲溪的同学仿照《神童诗》写道："天子重红毛，洋文教尔曹。万般皆下品，唯有读书糟。"李叔同当时也引用了这首打油诗。这在一定意义上可以看作是李叔同对世道之变本能的反应。从中可见，少年时代的李叔同，其观念还停留在科举时代，并未形成对西学的认同。科学与文明，于当时还是遥远的话题，对于社会精英们来说已然存在厚重的隔膜，对一般人来说更是海外奇谈。

不过，因甲午时局之变而带来的风会大开，正在迅速改变着这批士子们的观念。1897年开始，朝廷重申了算学取士的规定，一些地方将时务实学纳入了科举考试的范畴。在取士标准逐渐趋向西学的情形下，举世谈西学的新格局很快就形成了，李叔同的观念和立场也在这时显现出了变化。

光绪二十三年、二十四年（1897、1898），李叔同作为童生，用学名李文涛参加了在天津举办的县学考试。1897年初试的考题有"致知在格物论""非静无以成学论"。二试的题目则改为策论文字，是"废八股兴学论"等。在这篇文章中，李叔同写道：

嗟乎，处今日而谈治道，亦难言矣。侵陵时见，人心惶惶。当其军之兴也，额籍出兵，老赢应募；裹创待敌，子弟从戎。窃思我中国以仁厚之朝，何竟若是委靡不振乎。而不知其故，实由于时文取士一事。……至今时则八股之作，愈变愈失其本来。昔时八股之兴，以其阐发圣贤之义理，可以使人共明孝悌之大原。至今时则以词藻为先，以声调为尚，于圣贤之义理毫无关系。胸无名理，出而治兵所以无一谋。是此革旧章，变新制，国家又乌能振乎？虽然，新制者何？亦在于通达时务而已。时务莫要于策论。策论者何？亦策论夫天文、地理、机汽、算学而已。……允若兹，则策论兴而八股废，将文教于以修，而武教亦于以备。今伏读圣谕，改试策论，寰宇悉服，率土咸亲，能识时务之儒，皆各抒所见，岂仅铺张盛事，扬厉鸿庥已哉。

李叔同的这段文字，大意是将国运不兴归于时文取士之弊，主张以策论代时文。甲午战争之后，新派人士见解大抵如此。李叔同的表达，似乎也没有特别之处，基本上可以理解为一篇循题敷衍的作文，唯独"机汽"作为一门技术类的学问，在文中与天文、地理、算学等基础科学并列，亦颇可玩味。工业革命的冲击，以行驶如飞的笨重机械给以直观的体现，这在当时很多文人作品中有所反映。譬如黄遵宪作《今别离》诗，就以当时很新潮的轮船、飞艇等意象承载了人类不变的情感——相思。由这种趋势来看，近代化带来的全方位冲击波及传统社会的核心堡垒——科举，只是一

19 世纪初的路面电车

个时间问题。年少的
李叔同在科场上从自
身体会出发，郑重地
写下这一段八股文字，
正是对这个文明碰撞
时期的极好注解。

1898 年，李叔同
再次应天津县学试。
课卷写时文两篇，一
为"行己有耻使于四
方不辱君命论"，一为
"乾始能以美利利天下
论"，前一篇讲外交使
臣，后一篇谈资源开

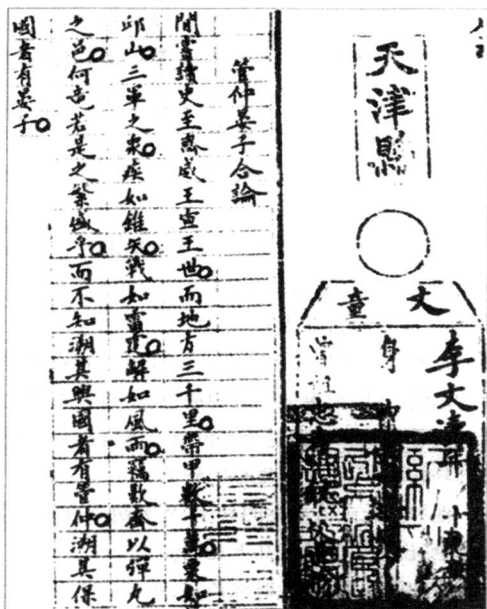

1898 年李叔同入天津县学课试论文手迹

发。从题目上看，这两篇文字已经属于时务实学的范畴。李叔同
在前一篇中说，中国臣子不读一书，不知一物，"抱八股八韵，谓
极宇宙之文。守高头讲章，谓穷天人之奥。是其在家时已忝然无
耻也。即其仕也，不学军旅，而敢于掌兵。不谙会计，而敢于理
财。不习法律，而敢于司李。瞽聋跛疾，老而不死，年逾耋颐，
犹恋栈豆。接见西官，栗栗变色"，一旦衔君命，游四方，只能贻
强邻之讪笑。故士人应考求各国地理、风俗、人心、天文等，即
所谓时务之学。在后一篇文章中，李叔同写道，矿产为天下之美
利，为防御外人觊觎中国矿山，应由绅商设立矿学会，派人出洋
学习，回国后参照西法，自行开采。李叔同在文中提出了四条建
议，即习矿师、集商本、弭事端、征课税，以此为国家兴利。

这几份答卷的内容，表明甲午战争之后的李叔同对实学确曾
相当留意，大概在这一时期，李叔同已经有目的地读了一些新学
书籍。不过，在谈经济、策时务、推天算、测地舆已成新风气的
情形下，这些文字在见识上有着局限性。近代化的冲击波持续扩

散，整个社会中的士人都在以新派标榜，对新学高谈阔论，懵懂地探讨着近代化。李叔同的这番论述并未在思想或是修辞的高度上超出当时一般流行的说辞。艰难的探索离不开实践，摆脱不了传统士人思维的中国知识分子还需要漫长的时间才能扭转自己认识社会的方式。

清朝人为了取得参加正式科举考试的资格，先要参加童生试。取得生员（秀才）资格的入学考试为童生试，也叫小考、小试，应试者均为童生。童生试包括县试、府试和院试三个阶段，录取者即为生员，也就是秀才。由于资料的缺乏，我们难以了解李叔同在科场上的成绩究竟如何。从 1902 年李叔同以监生资格应试的情形看，他似乎并没有通过考试方式获得秀才这样的初级功名。所谓监生，一般是指由捐纳而得到的出身。没有进入府州县学学习而欲应乡试者，须先缴纳一大笔钱财，称为捐纳，这样才能得到监生身份，获得应试的资格。从这一点上来看，李叔同的科举之路，起步阶段并不顺畅。

连续参加县学考试的事实，说明这一时期的李叔同试图走上父亲曾经走过的道路。1898 年戊戌变法失败后，科举规复旧制，取士标准的反复令读书人多有无所适从之感。紧接着 1900 年，由于庚子国变，科举考试再一次受到冲击。当年初慈禧太后立端王载漪之子溥儁为大阿哥（第一顺位皇位继承人）后，曾宣布于 1900 年开恩科乡试、次年会试。但除了广东、广西、甘肃、云南、贵州等省份如期举行乡试外，大多数省份因为时局的关系，未能举行。我们无从揣测李叔同在这几年间的心境如何，从后面的情形看，他并没有放弃在科举道路上的努力。

1901 年，清政府开始实施新政，朝野上下急求新式人才，多以变科举为急务。科举改革乃成为一项重要的新政内容。当年，清政府宣布废除八股，乡、会试头场试中国政治史事，二场试各国政治艺学，三场试四书五经。西学被纳入考试范畴，成为科举制度最重要的变化。次年秋天，各省补行庚子、辛丑并科乡试。

因为是并科，录取名额因此比常科加倍。当年李叔同已经奉母迁居上海，在蔡元培主持下的南洋公学特班读书。李叔同在浙江应试，按照报纸的报道，浙江本科二场西学策题为：

> 西国学术导源希腊，其流派若何，学校废兴若何，教育名家孰为最著，宗旨孰优，方今博采良法，厘定学制，试陈劝学之策。西国财政合于计学，大例若何，得失安在，今日度支绌，理财尤亟，富国之术虽多，而措施宜有次第，权衡缓急孰为要策。
>
> 西国法律原于罗马，沿革若何，今法律之学为科凡几，自治外法权行于通商口岸，受病甚深，轨复主权宜有良策。地理之学，首资测绘，何器最要，何法为简，今天下大洲者五，始夫地域形势之殊，爰有政教习俗之异，试原关系之理，兼筹固圉之策。格致之学，通诸制器，名理迭出，成器日新，试举新制阐其理用。自商约有内地制造之条，利权益将不振，欲图补救，宜操何策。

关于浙江的乡试情形，报纸上说："是场考生不知希腊、罗马、主权等字作何解说者甚多。"李叔同的感受如何，我们无从得知，但他名落孙山，则是事实。顺便提一下，李叔同后来最亲近的弟子是丰子恺，其父丰镜，也参加了当年在杭州的考试，并得中举人。

光绪二十九年（1903）秋天，李叔同参加了最后一次乡试，地点是在河南开封。是科为癸卯恩科，也是清朝历史上最后一次乡试。庚子之乱后，列强逼迫清政府惩罚发生"拳乱"的省份。作为惩罚措施，清政府停止了一些"拳乱"省份的科举考试——不过事实上有所变通，这些省份的考试都以挪移他省的方式举行。可能主要是因此，再加上北京的试场毁于战火，当年顺天乡试移至河南举行（1902年亦如此）。据此推断，李叔同参加的很可能是这一届顺天乡试。不过，这一次考试的结果依然不理想，李叔同仍未能脱颖而出。

这次应试是李叔同青年时代科举生涯的终结。在这几年间，关于科举与学堂的进退一直是朝野上下关注的焦点问题。由于科举被认为妨碍了新式学堂的发展、是西学发展的障碍，朝野上下废除科举的声音越来越强烈。1905 年，经过张之洞、袁世凯的奏请，清政府正式宣布停止科举考试。至此，在中国延续千年之久的科举制度不复存在。

从李叔同一生的行为动向来看，其早年在科场上的这一段努力，似乎难以看作是对功名的追逐。19 世纪末 20 世纪初的中国社会，新的知识体系正在迅速形成，在趋新已经成为时尚的背景下，随着世道行情的变化，科举考试的号召力大为下降。李叔同不可能不受这种思想的影响，对科举的看法发生改变。

变动的时代带来了人生的多种选择。虽然科场失意对李叔同的人生有何种影响我们无法窥得，但是可以确定，这个磅礴的时代最终将我们熟悉的历史人物李叔同，以鲜活的实然的形态推到了舞台的正中央，呈现在我们面前。国家不幸诗家幸，诚然如此乎？

崭然见头角

早年的李叔同在追求功名上付出了努力，但却并非"两耳不闻窗外事，一心只读圣贤书"。他早年所学的东西，似乎文艺一类更吸引他。《史汉精华录》《左传》之外，他喜欢读唐五代诗词，爱安适自得的王摩诘诗。早年之学并没有压倒李叔同的天性，他既没有成为一位埋首八股时文的举子，也没有成为一位钻研经史、考究训诂义理的学者。在天津特有的盐商文化氛围中，李叔同很快就接触了书法、绘画、诗词、金石之学，对戏曲也十分痴迷，在各类文人技能上都下过一番功夫。晚清时京津一带的富家豪门子弟大多能吟几句诗词，作几笔书画，刻几方印章，票几句京戏，

这是一种熏染很广的风尚。李叔同并不满足于浅尝辄止，这些风雅的活动在加固他的旧学根基的同时，也为他后来在艺术道路上取得成就做出了铺垫。而他情感纤细、眼光犀利、才华横溢和格调高雅的特质，注定他此生在文艺方面有较高的造诣。

李叔同在书法方面的兴趣为徐耀廷所发掘。徐耀廷，亦名药廷、月亭，祖居河北省盐山县，迁入天津已有好几代。其兄徐子

徐耀廷（与青少年时期李叔同亦师亦友）

明为当地名画师，与张兆祥、王鼎平同受业于孟绣邨，擅长工笔花鸟，作风有海派风味，近于任伯年。徐子明在几位大盐商家久执教鞭，徐耀廷受其感染，也懂书画治印。徐耀廷在桐达李家任账房先生数十载，尊称李世珍为"老东翁"，以"少东家"称李桐冈、李叔同。钱店关闭，他才去钱业公会北洋油厂谋生，为人温厚谦谨。据李叔同致他的第十号信说："……经柴少文送弟鸡心红图章一，有这样大小（信上有图），刻'饮虹楼'二（三）字，惜是灰地，有亦属不错。弟又刻图章数块，外纸一片上印着，谨呈台阅，祈指正是盼。再有弟近日写得篆书隶书仿二篇，并呈台阅，亦祈指正是盼。"

李叔同存世画迹也以赠徐耀廷的"八破"扇面为最早，画的是旧报纸、旧书、信纸、信封等八种物象，交叉叠放；信封上写"内有要件，祈带至天津河东山西会馆桐兴茂面交徐五老爷耀廷开启"，其字迹流畅、熟练，不甜媚，无清代流俗的馆阁气息。此类画工整逼真，但不见笔墨，在清末民初较为流行，但士大夫们从不欣赏。扇面下款："乙未俶同摹于意园"。在中国画的鉴赏中，"摹"每带有工艺性复制的意味，画家用它来表示自谦。这表明，

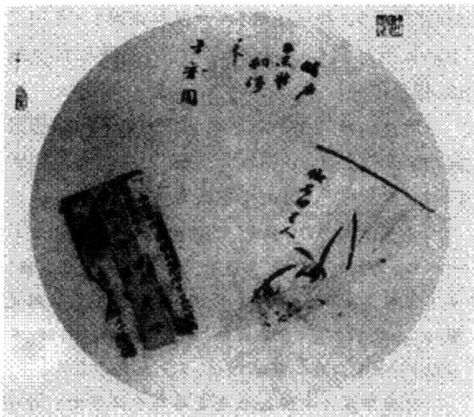

李叔同15岁时所作《八破图》

此时的李叔同具有可贵的清醒，同时对于文人的往来酬酢非常熟悉。扇面和致徐耀廷的另外两封信（内容为问候徐足疾，赠送鲜货一包，请教刻印）被徐广中（徐耀廷之孙）装裱在一起，1965年4月请丰子恺先生题跋：

> 弘一大师早岁遗墨，天津徐广中君所藏，虽残篇断简亦弥足珍惜也……

该件连同李叔同1899年仿苏东坡体自作《山茶花》诗，送给了李端珍存。徐广中家尚有苏体书写古诗一帧（四尺三开）。这种世交高谊既见传统美德，又见大师人格光芒。

1896年，徐耀廷去张家口为钱店办事，17岁的李叔同给他写信两封，第一封说："弟好图章，刻下现存图章一百块上下，阁下在东口，有图章即买数十块，如无有，俟回津时路过京都祈买来亦可，愈多愈好。并祈在京都买铁笔数支，并有好篆、隶帖亦乞捎来数十部，价昂无碍，千万别忘！"第二封又叮咛一遍，仍是这些事情。

对于士人而言，文艺是他们生活中的一个重要内容，他们通过对文艺的审美来享受生活情趣。作为士人，他们在精神文化领域共同活跃，并把影响力波及到政坛和其他方面。这种文人群体可以追溯到先秦时期的诸子学派，光大于唐宋之际、科举社会形成时，源远流长，在不同时期有不一样的表现形式。

李叔同亦在这一文人群体中，他与世交子弟的亲近很多缘于

对文艺共同的爱好。鼓楼东姚家是乾嘉以来的天津名门,姚丰年、姚承丰父子(为姚学源祖父及父亲)分别为乾隆、道光进士。虽然富为盐商,但他们却没有一般盐商的豪奢做派,被看作是门风清白的诗书世家。姚家是桐达李家的世交,又有姻亲关系。姚学源当时聘宿儒赵元礼设馆教导子弟,李叔同常来向他学习作赋、填词。赵元礼生于1868年,字幼梅,长李叔同12岁。他多次应试举人未中,20岁起以教读为生,博学多才,为一时名士,尤其擅长书法,与华世奎、严范孙、孟广慧并称为近代天津四大书家。李叔同早年的诗词功底,颇得赵元礼的指点。林子青的《弘一大师年谱》记称,李叔同是1896年开始从赵幼梅学词的,1898年即奉母南迁。如此算来,时间并不算长。但此后李叔同一直与赵元礼保持着联系。后来李叔同在杭州出家时,曾写小联寄赵元礼,款题为"幼梅旧师1937年,李叔同在厦门还以佛偈书联寄赠赵元礼",由此可见二人的师生之谊。

另外,姚家兄弟姚彤章、姚彤诰及李廷玉、朱易谙等人,还有不时来津的李鸿藻之子李煜瀛都是李叔同的近亲挚友,他们时有高谈阔论、切磋唱和之举。姚彤章比李叔同年长6岁,监生出身,诗文、书法都有所长,与李叔同颇为投契。两人的友谊后来也一直保持。1932年,李叔同曾写信托其俗侄李麟玺将一部《梵网经》转赠姚彤章。1941年,姚彤章寄李叔同祝寿诗云"仙李盘根岁月真,千秋事业有传薪。残山剩水须珍贵,稽首慈云向永春",对弘一法师颇为推许。李廷玉也是当时津门少年英俊,秀才出身,后弃文从武,民国时期曾担任江西省省长,30年代退居天津后,创办国学社,担任社长。

李叔同从小喜好金石书画诗词,他加入的"绿薹画会"不知何时草创,会址即设在其家中"洋书房"内,在这里他与天津成名的文士展开了广泛交游,一时贤达如印家王钊,书家孟广慧、华世奎,金石学家王襄,画师马家桐、徐士珍、李采繁、陈小庄、冯玉夫、曹幼占、陈嵩洲,篆刻家王钊等等。李叔同善学师友之长，在诗、词、书、画、印、文、碑帖、古玩鉴定等方面突飞猛进。画会的活动一直延续到 20 世纪 30 年代初。

上述各人中，孟广慧为近代天津四大书法家之一，年长李叔同 13 岁，又精于诗画。李叔同在天津与他有不少交往。据金梅考证，李叔同南下上海后，两人仍有来往。1901 年春，李叔同北上省亲时，两人曾盘桓多日。1912 年前后孟广慧游历浙江，当时李叔同在杭州任教，两人也曾相见。1936 年端阳节，孟广慧拜观李叔同早年印拓，赋诗曰："江南话别酒家春，开卷无言忆故人；记得心心相印处，雪泥鸿爪认前因。"其中的"故人"就是指李叔同。王襄生于 1876 年，年长李叔同 4 岁，青年时好金石之学，在甲骨文的发现和研究中，多有贡献。华世奎 1863 年生人，出身于天津大盐商家庭，为著名书法家。马家桐生于 1861 年，为名画家，尤其擅长花鸟，在诗书、篆刻等方面也颇有心得。徐士珍则是民国时期天津画坛上的著名人物。王钊比李叔同小 3 岁，擅长篆刻，后被誉为津门三印人之一。李叔同与他们的交往为其博雅的旧学知识打下了基础。

李叔同在天津时，还随唐静岩（字育垕）学习书法。这位唐老师是浙江人，曾在天津为官，后转而行医。他出入都乘坐大轿，诊金相当昂贵，天津人给他取外号"唐八吊"，也就是八贯铜钱或者八两银子之意。他的书法篆刻师法秦汉，风格雄浑。在天津随他学习书法、篆刻的学生，今有三人可考，一名华靖，另一人为华靖表弟王雨南，还有就是李叔同。

李叔同约从十二三岁开始随唐静岩学习，他的书法功底在这一时期打下，故唐静岩实可看作李叔同早年最重要的师长之一。唐静岩的书法自唐隶入门，辅以董其昌一派的文人笔法。这算是有清一朝书法学习的正统路径。不过，讲究法度的唐隶缺乏创造性，早在宋时，赵明诚就批评它"窘于法度而韵不能高"，到了清代也就基本上只用于初学者启蒙。清末，书法圈对魏碑体十分追捧，何媛叟、吴让之、赵之谦、沈寐叟等的魏碑书法引领一时风

气。唐静岩也受到影响，意识到唐隶的"肥媚"和文人笔法的"甜俗"制约了自己书风的发展，于是转而取法秦汉，发奋学习、转益多师，终于扫除了旧习性，达到了更高的艺术境界。"清圆疏古"，为世人所称重，为了避免临习碑文太甚以致笔法剑拔弩张，他主张从改变生活习惯入手，修身养性，以求内敛沉稳之气能反映在书法作品中。他的篆刻作品风格老道，以碑意入印，以刻印之刀摹刻碑之刀，比书家以笔求刀更为天成，笔画转折处常见《天发神谶碑》神韵，有《颐寿堂印谱》行世。他的画作精而存世甚少，山水画作的线条犹如铁钩银划，有金石气。

李叔同与华靖、王雨南，都在唐静岩的耐心教导下继承了他的艺术特点。后来李叔同取得了更高的成就，超越了老师唐静岩，而他对老师的尊崇却一直没有改变。

唐静岩教导李叔同书法时，跳过了唐隶，直接从魏碑入手。李叔同临写《张猛龙碑》用功最多，此外还临习《张黑女》《爨宝子碑》《天发神谶碑》《龙门二十品》，掌握其特征和笔意，做到了写一家似一家。早年，他就展现了惊人的天赋，融汇了这些字帖的风格，用笔活脱，风格灵动。经过多年不辍的练习和揣摩，其艺术水准更上一层楼，骨气洞达，稳重雄强。李叔同在后来转居上海前，编辑了唐静岩用来教他的书法范本《唐静岩司马真迹》，并以小字题篆书"唐静岩司马真迹"当作题签，署名"当湖李成蹊"。唐静岩手书跋文，对自己的学生李叔同有如下评价：

李子叔同，好古文也，尤

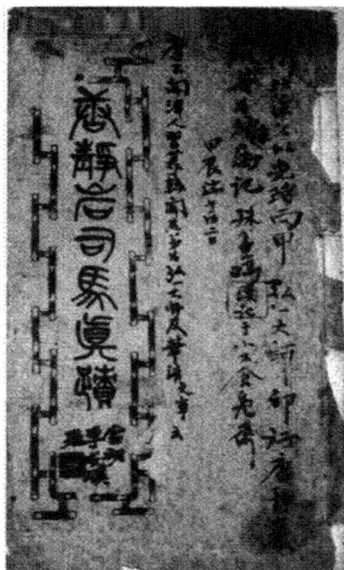

偏爱拙书，因出素册廿四帧，属书钟鼎篆隶八分等，以作规模。情意殷殷，坚不能辞。余年来老病频增，精神渐减，加以酬应无暇，以致笔墨久荒；重以台命，遂偷闲为临一二帧。积日既久，始获藏事，涂鸦之诮，不免贻笑方家耳。

时丙申（1896）夏月湖陵山樵唐育垕抚于颐寿堂，时年四百四十四甲子。

赵元礼拔贡出身，曾在民国初年当过国会议员，著有《藏斋随笔》《藏斋诗话》等，李叔同事以师礼。他于诗最喜王维妙句，既喜欢他圆熟浑涵的边塞诗，又喜欢他淡逸如水墨画的风景诗；词则喜爱南唐二主，既学东坡、稼轩、龙川、龙洲、放翁的沉雄豪放，也不拒周邦彦、秦观、姜夔、张炎、吴文英的缠绵悱恻。后来的创作实践表明，他虽以壮美为宗，也能成功地填出婉约深沉的情调。其笔力健，笔路宽，虽产量不多，但是质量冠绝同辈。

从李叔同交往的范围可以看到，一个典型士人的人际空间围绕他的兴趣所在——文艺而展开。"寅生草稿""吟笙"是青年时代的李叔同为王新铭所刻印章，印章铭刻了两人之间的友情。王新铭（1870—1960），字吟笙，天津人，清光绪丁酉年（1897）举人。1907年他在天津东马路创办民立第四女子小学堂，其为继严氏女学之后天津早期开办的女学之一，1926年经扩充，改为完全小学校。王新铭自建校起担任校长20余年，1929年调天津市教育局任职。他能诗，尤善联语，有《啸园楹语录》10卷问世；工书，喜篆刻，擅画山水。王新铭长李叔同10岁，在李叔同青少年时代，他们既是近邻，又是挚友。王新铭之书画成就非同一般，其书法，擘窠字颇见功力，天津许多学校匾额上的题字均出自他的手笔。其山水画粗毫皴点，不拘成格，磅礴之气甚足。李叔同与他早有金石书画之交，他们相互切磋，各有心得。李叔同在青年时代给王新铭刻过数方图章，1939年李叔同六秩大寿，王新铭抚摸着李叔同青年时代为他刻制的印章，不禁感慨万千。于是他撰写了一首长达32句的五言诗，倾诉两人青少年时代的友谊，申明他们对金石的共同爱好和诗书渊源。诗道：

世与望衡居，夙好敦诗书。

聪明匹冰雪，同侪逊不如。

猥以十年长，谦谦兄视余。

少即嗜金石，古篆书虫鱼。

铁笔东汉字，寝馈于款识。

唐有李阳冰，摹印树一帜。

家法衍千年，得君益不坠。

为我治一章，深情于此寄。

忆自君南游，悠悠数十秋。

树云思不已，岁月去如流。

比闻君祝发，我发早离头。

君为大法师，我犹浮生浮。

老赓翰墨缘，远道寄楹联。

经言开觉路，书法示真诠。

笔墨俱入化，如参自在禅。

装池张座右，生佛在吾前。

　　李叔同在天津终年盘桓，勤学好问，诗词、书画、刻印无一不精，对金石、文玩、碑帖、字画的真赝，也有相当的鉴别能力。家居得暇，他或挥毫作书，或奏刀篆刻。从王新铭的诗中可见，当时的李叔同与人交往谦逊知礼，诸艺皆有所得，"聪明匹冰雪，同侪逊不如"。这些旧式文人的嗜好，深刻地熏陶了李叔同的艺术气质。

李庐

成蹊

吴郡子弟

江东后生

天津县人

天津城内鼓楼西

七十二沽之上幼竹氏

吟笙

李叔同刻印

昆曲、京戏都曾流行于天津，在天津地方文化中留下很深的印迹。盐商肯花大价钱从北京请戏班演出，有的盐商家里甚至豢养戏班和乐队。喜好戏曲的盐商们还组织了自己的票房。在这种风气的影响下，李叔同很早就对戏曲展现出特别的爱好和品位。

据说，李叔同早年在天津曾经结识不少名角，如孙菊仙（艺名"老乡亲"）、杨小楼（小杨猴）、刘永奎等。其中，孙菊仙是与谭鑫培、汪桂芬齐名的京剧第二代演员，生于天津，死于天津，天津观众称其为"老乡亲"。后来有一句民谣称："天津卫，三宗宝：范公、幼梅、孙菊老。"其中范公为著名教育家严范孙，幼梅即书法家赵元礼，孙菊老即孙菊仙。杨小楼为杨月楼之子，比李叔同年长 2 岁，16 岁出班后长期在京津演出。刘永奎也是天津著名的京剧演员。不过，也有研究者通过考察这几位名角在天津舞台的活动时间，指出李叔同在 1898 年南下上海之前，孙菊仙主要是在北京，李叔同与他结识的可能性似乎不大。而杨小楼的出名，则是在李叔同南迁之后。李叔同最有可能结识的是刘永奎，但刘永奎工花脸，对李叔同演艺上的影响未必很大。

虽然李叔同早年与戏剧界人士的交往还存有疑问，但天津的戏曲文化氛围却是熏陶了他的戏曲修养。关于李叔同早年对戏曲的喜好，还有一种说法：李叔同在天津时对梆子坤伶杨翠喜十分

欣赏，三五日必去捧场。李叔同喜欢杨翠喜的表演似乎不假，
1905 年，他曾经在一首词作中写道：

燕支山上花如雪，燕支山下人如月。
额发翠云铺，眉弯淡欲无。
夕阳微雨后，叶底秋痕瘦。
生小怕言愁，言愁不耐羞。
晓风无力垂杨柳，情长忘却游丝短。
酒醒月痕低，江南杜宇啼。
痴魂销一念，愿化穿花蝶。
帘外隔花阴，朝朝香梦沉。

道光年间，河北梆子已经形成独立的剧种，在天津很有影响
力和地位。清代原本禁止女性登台表演，但后来逐渐废弛，大约
从光绪初年（1875）开始，女艺人登上河北梆子的舞台，并逐渐
走红，杨翠喜就是其中的一位。如此说来，痴爱戏曲的李叔同钟
情于杨翠喜的技艺并不意外。但这里还有一点疑问。按照一般的
介绍，杨翠喜生于 1889 年，12 岁迁往天津，后学习戏曲。14 岁登
台后崭露头角，在天津各戏园演出花旦戏。这样算来，杨翠喜至
天津学戏之年，李叔同早已迁居上海。李叔同留学日本之前，曾
经两次回到天津，
一次是 1901 年春北
上省兄，一次是
1905 年母亲归葬天
津之时。李叔同迷
上杨翠喜的演出，
似乎只有这两个时
间段。如果说杨翠
喜 14 岁始登台演

李叔同与杨翠喜，20 世纪初

出，按时间推算，应该是 1902 年之后的事情。1901 年李叔同在天津恐怕没有机会看到她的表演。即便当时杨翠喜已经开始卖唱生涯，但天津正值变乱之余，李叔同在津时间也不长，从他描述这次北上情形的《辛丑北征泪墨》看，当时他的心绪似乎不佳，是否有兴致隔三岔五去听戏，值得怀疑。至于 1905 年，李叔同有丧事在身，偶尔一观或有可能，三五日必去捧场于情于理似乎说不通。如此说来，李叔同对杨翠喜的印象或者只是得于偶然，至于一些小说家演绎出的二人之间的感情纠葛恐怕更难以找到真凭实据。也正是因此，有研究者认为，李叔同上面那首词作中的杨翠喜，或许另有其人。不管怎样，一个是少年才子，一个是妙龄佳人，这二人符合各个年代的观众对于才子佳人配的期待，他们被相提并论、被传出亦喜亦悲的剧情，都是可以理解的。

二十文章惊海内

津门到海上

1897年,尚在攻读县学考试的童生李叔同迎来了17周岁,在时人看来,到了婚娶的年龄。李叔同概莫能外,其兄李文熙做主,请来大媒鼓动如簧巧舌说动了他的母亲,李叔同很快与俞家小姐成婚。俞氏也是出身豪商家庭,早年住在南运河边芥员大街上,其家族经营茶叶,颇为殷实。李叔同属龙,俞氏大他两岁,属虎,据他们家中老保姆说,他们夫妻是"龙虎斗"的命,一辈子合不来。俞氏大家出身,受旧式教育影响很深,在当时的社会评价中可称贤淑。二人一起生活七八年,育有两子,后来便天各一方,这段包办婚姻名存实亡。李叔同出家之后,俞氏为了打发寂寞的日子,曾到一家刺绣学校学绣花,随后又在家中找了几个女伴办班传授绣花技艺。不过这种日子也没有持续很久,俞氏的余生在诵经礼佛中度过,直到1926年归于极乐世界。俞氏有一妹,因瘫痪未嫁。有弟霭青任过南开中学庶务员,后笃信基督教,曾和张伯苓同创仓门口教会,也算天津文化界的一个人物。

19世纪末20世纪初,李叔同志学和成长的年代,正值中国的多事之秋。1894年,中日甲午战争爆发。经过半个世纪轰轰烈烈的明治维新,整个国家面貌焕然一新的日本,以新晋列强的身份登上历史舞台。而此时的清政府却颟顸无能，李鸿章这位在洋务运动中声名大噪、被称为"东方俾斯麦"的大政治家也回天乏术，不得不走向一个此后被深深刻入东亚乃至世界历史的地点——长崎县下关春帆楼，向一直以来崇拜他的日本内阁总理大臣伊藤博文、外务大臣陆奥宗光当面表示屈服，订立了丧权辱国的《马关条约》。之后，列强对黔驴技穷的清政府步步进逼，掀起掠夺瓜分中国的浩劫。爱国志士无不痛心疾首，"维新"的意识鼎沸中华。1895 年，在国人群情激愤、要求毁弃《马关条约》的浪潮中，康有为、梁启超联合各省在京会试的举人一千三百余人签名上书，提出"下诏鼓天下之气，迁都定天下之本，练兵强天下之势，变法成天下之治"的主张，史称"公车上书"。以这一举措为发端，康有为、梁启超等维新派人物，开始了模仿日本进行政治改良的活动。1897 年底，德国强占山东胶州湾，这一事件引来舆论大哗。在国土被瓜分豆剖的危局下变革已经刻不容缓，康有为、梁启超的声望由此达到顶峰。次年（1898，戊戌年）6 月，光绪帝顺应民意，接受康梁上书，下诏变法，推行新政，维新变法进入实施阶段。其基本内容是：改变现状，学习西方，发展实业，救亡图存。但仅仅过了三个多月，维新派中的激进势力便与以慈禧太后为首的保守势力在斗争中变得不可调和。在朝鲜抗日有功、一直以维

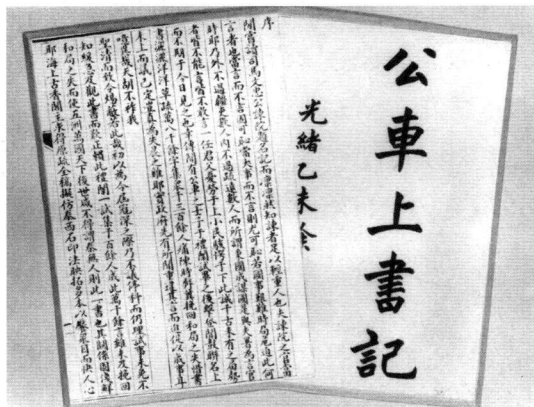

新派的身份奔走的袁世凯这时在天津小站练兵，手握新军的他拒绝了维新派围园逼宫太后的提议，倒向了保守派，并协助慈禧太后和荣禄发动政变镇压了维新运动。

慈禧以"训政"的名义重夺国柄。历时一百零三天的变法失败，史称"百日维新"。光绪帝被幽禁瀛台，谭嗣同、林旭等六君子被害，变法的倡导者康有为、梁启超匆忙离京，在天津国民饭店躲藏数日后流亡日本。

李叔同在国家内忧外患的环境中，虽身处学堂，其思想情绪却不会不受到影响。这在他 1898 年应天津县学课试的文章中有所反映，他在《管仲晏子合论》中说：

> 闲尝读史，至齐威王、宣王世。而地方三千里，带甲数十万，粟如邱山。三军之众，疾如锥矢，战如雷霆，解如风雨。窃叹齐以弹丸之邑，何竟若是之繁盛乎！而不知溯其兴国者有管仲，溯其保国者有晏子。

李叔同以课试形式论述这段历史，很显然，是在借古喻今，就现实情景立论。他是渴望他所处的时代，能有管仲晏子一类政治家改革家出世，以重振日渐衰颓的"老大中华"。作为课试文章，《管仲晏子合论》不足百字，难免简单，有限的内容却也透露出李叔同在康梁维新变法时期思想的倾向。他是赞同康梁主张的，曾在一方闲章中公开宣称"南海康君是吾师"，边作碎花，刀法奔放，显示出他对革命炽烈的情怀。他还对人说："老大中华，非变法无以图存。"但维新变法百日即遭失败，这增加了他对国家和个人前途的忧虑。他在政界也认识一些人，如桐达李家的世交李鸿章，以及王文韶。但是，看到李鸿章在甲午战争和维新变法时的表现，他更加失望了。正是这个李鸿章（还有王文韶）和盘踞在紫禁城的奕䜣、荣禄等后党人物沆瀣一气，参与了叶赫那拉氏对维新变法运动的镇压。李鸿章当年推行洋务运动时提出的所谓"外须和戎，内须变法"，已经彻底沦为笑柄，李叔同痛切地意识到"北方事已无可为！"。

在桐达李氏大家庭中一直过得不是很愉快的母亲有着远离天

津的打算，李叔同结婚后，她虽然多了一位算得上投缘的儿媳妇相伴，但在天津还是会触景生情，感到凄清与压抑。时局的变化，成了她远走的契机。李叔同在维新变法期间的言论与表现，表达出了他对康梁和维新派深切的同情。清政府对维新派搜捕甚急，有人认为李叔同如果这时不离开天津，有可能被当作康梁同党而遭遇不测。他的母亲大概也觉得他如果继续留在北方，那么人身安全将难以得到保障，于是全家议定李叔同与俞氏奉母前往上海，老保姆王妈妈随行。

李文熙为这段行程提供了充裕的经费。李叔同与天津的诸位师友话有不及，挥泪而别。这样，1898 年 10 月间，李叔同中止了县学的学业，奉母携眷去了上海。李文熙给的三十万大洋的费用，李叔同花去相当大一部分，用于采购一架价格不菲的钢琴。他开始接受音乐启蒙，学习演奏与作曲。

正如这架钢琴所象征的那样，黄浦江畔的上海县城，已经随着港务开放，在不到 30 年的时间内迎来了快速发展，成为"十里洋场"。十多年间，太平天国军与清军沿长江拉锯与对峙，战火席卷长江下游，通都大邑、"鱼米之乡"都惨遭人祸，上海周围地区凋零残破，大批江浙难民涌入上海，由此带来丰裕的资金、众多的廉价劳动力和消费者。上海经济与社会有了长足的发展，商业繁荣，加上江南制造局、轮船招商局、机器织布局等大型企业的建成，上海对外地人口的吸引力大大加强。上海开埠时有人口 54 万，同治四年（1865）近 70 万，光绪二十六年（1900）已超过100 万。市政建设方面，碎石马路、石库门房屋和较完备的城市地下排水系统出现。煤气、电灯、电报、电话、自来水、洒水车、垃圾车、大自鸣钟、马车、自行车……街头的景象已经充满了近代的色彩。跑马、跑人（田径）、划艇、球类竞技等运动进入市民生活，外滩公园、跑马场及愚园、张园、徐园等私家花园对市民开放，栽种法国梧桐的林荫大道旁咖啡馆、烟馆与赌场林立，这些使得上海五光十色，形成与国内其他城市迥然不同的风格。上

海的发展在"远东"一时无两，风头盖过了日本东京、法属越南西贡等地，被用来与当时在人类文明史上最辉煌的城市相提并论，并被称为"东方巴黎"。19世纪90年

清末上海街景

代，上海的对外贸易额从开埠时广州的五分之一成长为广州的七倍，彻底取代了广州的对外贸易中心地位，十里洋场的繁华蜚声海内外。甲午战争后根据《马关条约》，日本和其他各国取得了在中国通商口岸投资设厂的特权，上海成为帝国主义国家在中国进行资本输出的理想之地。各国在上海的投资猛增，外国资本在上海的投入及迅速扩大也刺激了上海的经济繁荣。

与经济上的发展相应，上海的新式文化事业发展迅速。19世纪40年代墨海书馆创立，60—90年代先后出现美华书馆、江南制造局翻译馆、土山湾印书馆、广学会等新式出版机构，翻译出版数以百计的西方书籍，占全国译书八成以上，学科涵盖数学、化学、天文、地质、生物、法学、兵工等多方面。50年代，《北华捷报》《六合丛谈》等报刊创办，后出现《上海新报》《万国公报》《申报》《新闻报》等报刊，其数量之多、影响之大均为全国之首。广方言馆、圣约翰书院、中西书院、格致书院、梅溪书院等国内著名新式学院创办。清廷废除科举以前，上海新式学校已蓬勃兴起，科举废除以后其发展更为迅速，澄衷学堂、文明学堂、爱国女学、震旦学院、复旦公学、中国公学等学校相继兴办，到宣统三年（1911）有新式学校百余所，学校教育水准领先海内。在此期间创办的圣约翰大学，其学位在全世界范围内得到认可，与美国当地大学具有同等效力。商务印书馆、文明书局出版的新式教

《时务报》书影

科书逐渐成为全国各地名学校的主要教材。1897 年，上海第一所中国人创办的大学——南洋公学开办。在这里，任伯年、吴友如等创作的文人画开一代新风，具有鲜明的时代特点，以海上画派独立于国内画坛。维新运动中，上海是维新派主导的全国舆论宣传中心，他们出版的《时务报》风行一时，为戊戌变法时期影响最大的报纸。不缠足会、农学会等新式社团出现，其影响辐射全国。戊戌政变之后，上海成为维新人士的庇护所，反对清廷倒行逆施的各界人士云集于租界避难。1900 年初，慈禧拟通过预立皇储而废除光绪帝时，一千多名士绅在上海发出通电表示反对。清廷通缉发起通电者，但是无可奈何。彼时的上海滩洋溢着新鲜的空气，言论自由的氛围带来了文化的加速大发展，为红火的经济繁荣助燃。上海在全国的特殊地位越发明显。

天涯会五友

1898 年这年，李叔同的到来，为上海滩灿烂的星空又装饰上一颗奇光异彩的新星。10 月，李叔同在上海法租界卜邻里租下几间房子，暂时住了下来。"桐达李家"是经营盐业和钱庄业的，在上海申生裕钱庄也设有柜房。现在，这个柜房的收入转而用来支持李叔同一家人的日常生活。

在津门已才华横溢的李叔同，接触到上海活跃清新的舆论场，仿佛如鱼得水。他来到这里不久，就初步熟悉了这里的人文环境，在文坛与名士圈中活跃起来。李叔同居住的卜邻里，离城南不远。

在他来沪的前一年，宝山名士袁希濂、江阴书家张小楼、江湾儒医蔡小香等，已在华亭诗人许幻园之居城南草堂成立了一个文人团体，名叫城南文社。许幻园家资雄厚，思想先进，是沪上诗文界领袖人物之一。城南文社以许家为活动场所，定期唱酬，每月会课一次。许幻园还额外出资，向社会征文，以期"以文会友"。李叔同开始向文社投稿，几次都得到好评，受到了许幻园的青睐，遂被邀请加入城南文社，成了年纪最小的成员。

1898 年底，李叔同第一次到城南文社参加课会。他亮相时头戴丝绒碗帽，正中缀一方白玉；穿曲襟背心、花缎袍，后面扎挂着胖辫子，缎带扎脚管；足踏双梁头厚底鞋子，头颅高昂，英俊之气流露于眉宇间，好一番津门翩翩公子气度！当天，城南文社的这次会课由得过孝廉功名的张蒲友出题，并负责阅卷评定等级。张蒲友本人精研宋儒性理之学，在诗词骚赋方面也有造诣。课题分两种，文题当日完成，诗赋小课三日交卷。这次他出的文题是："朱子之学出于延平，主静之旨与延平异、又与濂溪异，试详其说"。

李叔同在天津时就对宋儒的性理之学下过功夫，有相当根底。接到这个题目，他稍加思索，便奋笔疾书，一气呵成，其潇洒气度让人不由得想到滕王阁上的天才王勃。虽然有文无第一的说法，然而少年李叔同的表现不由得令同场竞技的诸位文士由衷叹服。惊叹于李叔同成文洒脱之余，诸位学友共赏其文章，更加震撼于这篇文章的义理精到、文笔畅达。张蒲友和众文友交口称赞，李叔同在上海的文人小圈子里可谓一炮走红。

应酬完回家，留作家庭作业的诗赋小课题"拟宋玉小言赋"，限三日后交稿。李叔同的作品格式规范、词采典雅、铺陈淋漓，到底是出手不凡。李叔同首次参加会课，就被张蒲友评为"写作俱佳，名列第一"。见多识广的许幻园也不禁为李叔同的风采才华所倾倒。许幻园在一年后将城南草堂腾出几间空房，邀请李叔同一家搬来居住，一来使其免于租界喧嚷，专心治学；二来可以方便交流学术、品评文章。李叔同搬来以后，许幻园还亲笔题写了"李庐"二字横卷，挂在李叔同书斋的门楣上，并作小记刊于《城南草堂笔记》中：

庚子春，漱筒姻谱仲，迁居来南，与余同寓草堂。因见正中客厅新悬某名士书之"醾纨阁"，而右旁书室尚缺匾额，予乘兴书"李庐"二字以赠之。盖仿雪琴尚书之"彭庵"，慰农观察之"薛庐"，曲园师之"俞楼"意耳。

许氏城南草堂位于大南门附近，房子旁边有一小河缓缓流过，河上跨有苔痕苍古的金洞桥，桥畔的两棵大柳树已有年头了。"东望黄浦，来往帆樯，历历在目"。许氏城南草堂还留有江南古典乡村的浪漫气息，因其主人藏有续《红楼梦》八种——《复梦》《补梦》《后梦》《奇梦》《重梦》《演梦》等等，因此它又有"八红楼"之称。李叔同住进城南草堂后，它便有了"醾纨阁""李庐"的室名和"醾纨阁主""李庐主人"等新的别号。

1899年3月，李叔同手书《山茶花》一诗寄天津徐耀廷，其诗描述的应当是此间生活：

瑟瑟寒风剪剪催，几枝花放水云隈。
淡妆写出无双品，芳信诗来第二回。
春色鲜鲜胜似锦，粉痕艳艳瘦于梅。
本来桃李羞同调，故向百花头上开。

右，余近作《山茶花》诗也，格效东瀛诗体，愧鲜形貌之似。近读东瀛山根立庵先生佳作，而拙作益觉如土饭尘羹矣。先生《咏山茶花》诗云：前身尝住建溪滨，国色由来出素贫。凌雪知非青女匹，耐寒或与水仙亲。丰腴坡老诗中相，明艳涪翁赋里人。莫被渡江梅柳妒，群芳凋日早回春。

日本明治末期的汉诗文界正处于辉煌时期，其与中国士人的交游酬唱很多。日本人、汉文学家山根立庵从家乡渡海来到上海，一直倡导自由民权运动的他在上海创立了东亚同文会会报《亚东时报》，他担任主编，后又主办杂志。《亚东时报》社的采编阵容里曾经闪耀过章炳麟、毕永年、宋恕等文士的鼎鼎大名。山根本人文采卓然，有《立庵诗钞》两卷，文名风靡长江流域，为读书界所推重。在那时的上海，李叔同的眼界和境遇果然开始大不一样。

在城南草堂，李叔同和许幻园时常金樽对酒，诗文唱和。袁希濂、张小楼、蔡小香早与许幻园时相过从，自文社活动结识了李叔同，和许幻园一样，对他倾慕有加。五人结成"天涯五友"，并合影留念。李叔同以成蹊之名，书题合影为《天涯五友图》。许幻园夫人宋梦仙（名贞）在合影上为五位友人一一赋诗题咏。

宋梦仙是位才女，她幼年师从清末著名政论家王镂园，学文章诗词，眼界颇高。后又就灵鹣京卿学画，宗七芗家法，得其神韵，有出蓝之誉。李叔同母亲与宋梦仙相契无间，花晨月夕，茶余饭后，常请她说诗评画，引以为乐。宋梦仙体弱多病，李母为其治药饵，视同己出。宋梦仙与李叔同也常有唱和之雅。在《天涯五友图》上，她为李叔同写的题咏是："李也文名大如斗，等身著作脍人口；酒酣诗思涌如泉，直把杜陵呼小友。"对李叔同的诗文才华，宋氏赞叹备至。

许、李、袁、张、蔡五人，以文会友，往返酬唱，是当时沪上文坛的

天涯五友图（1900 年摄于上海），左起：李叔同、张小楼、蔡小香、袁希濂、许幻园

45

一段佳话。许幻园不止以东道主的身份做城南文社的盟主，其诗词也颇有可采之处，文名卓著，也为李叔同所钦佩。他在1901年致许幻园的亲笔信中有这样的话：

> 前见示佳著，盥诵再四，哀艳之思，溢于毫素，佩甚佩甚！暇当掇拾数什，奉和大雅；但珠玉在前，而瓦砾恐瞠乎其后耳。

遗憾的是，不只这次唱和没能完整流传，天涯五友加上宋梦仙相互之间的酬唱之作也大都湮没无存了。仅有两首诗留存世间，分别是李叔同于1899年秋天和1900年夏天写下的。前一首《戏赠蔡小香》，共四阕。蔡小香的本职工作是医生，李叔同以戏谑的文笔，入木三分地刻画了这位名医为女士号脉看舌时双方的情态。年轻的李叔同善于用诗词语言传达这类情态，用词活泼，表达生动，自是一派风流。前贤的文学批评说"诗以言志"，信然。这实

在是作者本人性格的流露，文本能表达的绝非只有程式化的七情六欲或者作者空泛的才情。

许幻园著有《城南草堂笔记》三卷，李叔同为之作跋，跋语说：

> 窃考古人立言，与立德立功并重。往往心有所得，辄札记简帙，兼收并载。积日既久，遂成大观。如宋之《铁围山丛谈》，本朝《茶余客话》《柳南随笔》之类。今幻园以数日而成书三卷，其神勇尤为前人所不及。他日润色鸿业，著作承明，日试万言，倚马可待，则幻园之学，岂遽限于是哉。

这段话用典奇奥，在表达对许幻园的推崇的同时展示了自己学识的广博。士人在交游中总是可以不经意地把自我的文采推向新的高度，"以文会友、以友辅仁"的真意也在于此。

李叔同的兴趣和交游确也广泛。来上海不久，他购得原由清乾隆朝大学士、《四库全书》总编纂纪晓岚家旧藏的一枚砚台，是用汉朝甘林宫的瓦片磨制而成的。秦砖汉瓦，古朴可爱，且砚上刻有纪晓岚亲笔题写的砚铭。得此佳物，李叔同在兴奋之余遍征海内名士题词，将题词、砚台拓片结为一集，手抄纪晓岚的砚铭附之，编成《汉甘林瓦砚题辞》二卷，分赠友人。扉页内署"己亥十月，李庐校印"，又署"醾纤阁主李成蹊编辑"。

在天津时，李叔同于书画篆刻已打下基础。来上海一年后，那是1900年的春天，他与朱梦庐、高邕之、宗仰等人又在福州路杨柳楼台旧址成立了一个文人社团，是为上海书画公会。

朱梦庐和高邕之都活跃在19世纪末20世纪初的上海，是为书画名家。宗仰俗家姓黄，原名小隐，清同治四年（1865）生人，是位世俗化和政治化色彩极浓的僧人，也可以说是风云一时的革命人士。他幼年即在家乡江苏常熟出家，拜药龛和尚为本师。常熟境内有名胜虞山，又名乌目山，明清间著名文学家钱谦益世称虞山先生，宗仰仿效之，自称乌目山僧。其师药龛大和尚，有相当学识，且很开明，不仅亲自传授于他，还另请老师教他佛典以外的学问，因此乌目山僧在国学和琴棋书画方面均有一定根基。其时，犹太人哈同发迹于上海，日后成为上海滩首富，显赫一时。其妻罗迦陵笃信佛法，到镇江江天寺进香拜佛，与正在寺中做知客僧的乌目山僧相识，两人很是投契，遂结成师徒关系，乌目山僧传之以密教。二人结识后不久，乌目山僧去了上海，经常出没于政治活动场所。戊戌变法时，章太炎任《时务报》

宗仰（别号乌目山僧，1861—1921）

撰述，其言论大胆激烈，人称"章疯子"。乌目山僧与章太炎来往密切，加入过章太炎领导的"光复会"。后章太炎遭清廷通缉，不得不逃往东洋避祸，乌目山僧也跟着去了日本，并在那里结识了孙中山，随后投身反清革命，十分活跃。不过，乌目山僧很快被清廷耳目盯上，继而被迫离开日本，跟着章太炎又回到了上海。在这里，他韬光养晦了一段时间，蛰伏之余，与李叔同等成立了上海书画公会，同时还留意着时局的发展变化。两年后，乌目山僧与蔡元培、吴稚晖、章太炎等，先后成立中国教育会及其下属爱国学社和爱国女校。教育会第一年的会长为蔡元培，第二年改选时，吴稚晖等引导会员选举乌目山僧为会长，意图靠他的关系解决办学经费问题。乌目山僧动员了罗迦陵每月为爱国女校提供部分经费，然而他并不居功，次年改选时，他让位给蔡元培。其间，由章士钊任主笔的教育会机关报《苏报》，大造反清朝廷革命之舆论。"革命军马前卒"邹容，写出《革命军》一书，猛烈抨击清政府卖国和残酷镇压人民的行径，章太炎为之作序，乌目山僧活动罗迦陵资助出版。章太炎还在《苏报》上加以推荐，以扩大其影响，随之酿成的《苏报》案，震动全国。清廷密谕两江总督魏光焘搜捕蔡元培、章太炎、吴稚晖、章士钊、陈梦坡和乌目山僧等六人，控告"爱国党六人于上海会审公堂"。乌目山僧得知信息，避入哈同家中，免于被捕。也就在这个时候，哈同的财势达到高峰。他计划在沪西建造花园，需要一位能总体设计和总理其事的帮手。乌目山僧画功扎实、审美独到，又和罗迦陵关系密切，恰好是最合适的人选。此后，乌目山僧在这上面花费数年时间，到 1909 年，终于利用 200 多亩高低不平、水流交错之地，建成一所颇有丘壑的园林。园林从哈同夫妇的音译名字中各取一字，命名为"爱俪园"，通称哈同花园。大门口匾额上的园名，乃是乌目山僧之友、上海书画公会书家高邕之的手笔。至此，乌目山僧在社会上的地位也达到顶峰。哈同本人，在当时的中国，连大清皇帝、各地军政要人都不得不高看一眼。而在集荣华富贵于一体的

哈同花园中，园主夫妇之后，就数乌目山僧最耀眼。乌目山僧居哈同园内讲道兴学，还创办了一个"广仓学会"弘扬艺术、交流古玩收藏，并率众祭祀黄帝，建立经堂和华严大学，延请高僧讲授梵典，重刻日本宏教书院佛藏。辛亥革命时，陈英士（即陈其美）与李长和所部各自欲推举其首领任沪军都督，相持不下时由乌目山僧出面协调。孙中山自欧洲返回国内时，乌目山僧至吴淞口迎候。民国成立，乌目山僧廓然归山，谢绝交际，其在爱俪园的地位，也逐渐被自己的小门生姬觉弥所取代。他不得不离开沪上，返回镇江江天寺，从此，一心整理佛籍，整修山寺，云游东南名山丛林，于1921年7月圆寂。李叔同与乌目山僧，这两位佛教界的奇人，在20世纪初的这三四年里在上海书画公会和爱国学社这个平台上有了交汇，此后各奔东西，这段交往也就停留在书画层面。

上海书画公会，作为一个文人墨客的社团，除了为同好提供品茗读画、探讨艺理的活动场所，还编辑出版了一份《书画周报》，随同《中外日报》发行。李叔同是《书画周报》主编，他在上面以"醿纨阁主李漱筒"为名，登出了自己的书印"润例"。与此同时，他又有《李庐印谱》问世。这样，李叔同以书画金石界的新进，在这一艺术领域，引起了同仁的瞩目。

北征泪墨题

来上海一年多，李叔同年届二十。他住城南草堂，有义兄许幻园等时相唱和，宴饮笑谈不亦乐乎。上有母亲，身体硬朗，又有俞氏做伴、许幻园夫人相契，李叔同的生活是平安且浪漫的。不过李叔同旅居海上，难免思念家乡。北望津门，那里正经历着庚子国变，义和团在朝廷的放纵下快速坐大，横行京津，家乡笼罩着愁云苦雨，风声鹤唳。想到这些，李叔同的心情是不平静的，他在《二十自述诗序》中说：

堕地苦晚，又摆尘劳。木替花荣，驹隙一瞬。俯仰之间，岁已弱冠。回思曩事，恍如昨晨。欣戚无端，抑郁谁语？爰托毫素，取志遗踪。……言属心声，乃多哀怨。江关庾信，花鸟杜陵。为溯前贤，益增惭恧！……

在《李庐诗钟自序》中也说：

索居无俚，久不托音。短檠夜明，遂多羁绪。又值变乱，家国沦陷。山邱华屋，风闻声咽。天地顿隘，啼笑胥乖。……

在秋日的上海，那独有的铅灰色天空下，李叔同的情绪是有些惆怅烦闷的，其文辞也充盈着抑郁哀怨。他这时写的《二十自述诗》没能流传，《李庐诗钟》里收集了哪些作品也已无考，但其压抑的情绪体现在他的作品格调中。

50　　1900 年 11 月间，李叔同长子李准出生。年方二十的李叔同，风华正茂，青春得子，但他当年所作《老少年曲》却是这样的：

梧桐树，西风黄叶飘，夕日疏林杪。花事匆匆，零落凭谁吊。朱颜镜里凋，白发悉边绕。一霎光阴底是催人老，有千金也难买韶华好。

来自津门、蜚声海上的才子李叔同在本能和现实的矛盾中压抑着，他用笔记录下来这一切。李叔同的这种情绪格调，在往后几年中又受到环境变化与个人遭遇的浸染，不鸣则已一鸣惊人，这一鸣却是悲愤之声。

离开天津已经两年多了，虽然说与李文熙并非一母所生，但年幼时受到过他的关切照拂，父亲去世后，"桐达李家"偌大家业由李文熙接管，他作为一家之主辛苦操劳不易。李叔同觉得应该回去看望看望他了，何况津门还有那些早年熟识的师友呢，回津一趟，也好把来沪后的情况报告一下，免得大家挂念。这样，1901 年 2 月，李叔同在一阕《南浦月·将北行矣，留别海上同人》的惆怅中，

1900 年，天津法租界巴黎路

伴着"一帆风雨"，踏上了北上探亲的道路。他打算先由海路去天津，再转河南内黄县，他的二哥李文熙正在那里处理事务。

最初几天海上的航行令他畅快，"风平浪静，欣慰殊甚。落日照海，白浪翻银，精彩炫目。群鸟翻翼，回翔水面。附海诸岛，若隐若现"。一天夜里，李叔同做梦，梦境中的自己在回家时，见到母亲与妻子正在相对流泪，诉说别离之苦。见此情景，他不禁潸然泪下，哀感不已，醒来方知一场梦，枕巾上却已泪痕一片。

轮船驶近大沽口，沿岸到处是破房瓦砾，残垒败灶。李叔同触景生情，悲从中来，写下七律一首，题为《夜泊塘沽》。其中有这样的句子：

新鬼故鬼鸣喧哗，野火燐燐树影遮。

在塘沽登岸后，李叔同没能赶上早晨开往市内的列车，他随身行李又多，需要找客店暂住。但兵燹过后，旧时的旅馆都已颓废不存，倒有几间新筑的草屋，好像还在营业。过去一看，既没有门窗，又没有床几，客人们都席地而坐。问问主家有没有吃喝，回答说没有杯茶，也没有盂馔。此间没有友朋接济，也无别的地

二十文章惊海内

51

方可去，李叔同只好强忍饥饿，干坐长叹。火车一天两趟，直到傍晚，他们才搭上开往市内的车。沿途房舍大半焚毁，鸡犬之声不闻，一路寂绝。

李叔同抵达天津城后，头几天侨寄在城东姚氏家中。姚氏是他二哥李文熙的岳父。姚家品侯、召臣兄弟俩，与李叔同二哥以内兄弟相称，与李叔同也在早年即有文友的交情。故交成了亲戚，三人无话不谈。姚家人关心着李叔同一家在沪的生活，知道他已得贵子，都很高兴。

津门一批社会名流，像金石家王襄、王钊，书法家孟广慧、华世奎，画家马家桐、徐士珍、李采蘩，诗人赵幼梅、王吟笙，还有一代医学名家朱宪彝之父朱易谙等等，都是李叔同青少年时期的知交师友，听说他回天津探亲，都纷纷前来看望叙旧，询问沪上文坛艺界的现状。虽说分别只两年多，交谈中他却有"忽忽然如隔世"之感，不由得想起两句唐诗："乍见翻疑梦，相悲各问年！"

头天夜里，李叔同正想躺下休息，蓦然间，狂风怒吼，草木摇动，门窗作响，金铁齐鸣。惊恐繁杂之声，使他心烦意乱，难以成眠。既然不能入睡，于是他拥被作诗，即景即情，得五律《遇风愁不成寐》：

世界鱼龙混，天心何不平？岂因时事感，偏作怒号声。
烛尽难寻梦，春寒况五更。马嘶残月堕，笳鼓万军营。

李叔同此次天津之行，正在义和团乱后不久，战争和内乱留下的痕迹到处可见。李叔同除了在家晋接旧友，也外出拜访故交，到年幼时熟识的一些地方去观望。他留恋那些地方，寻觅着昔日留下的踪影，但一切都变了样，尤其是四围的城埠，已十无二三。蹦蹦独行中，他回想着几天来朋友们断断续续给他讲述的，不久前庚子拳乱时的那些情景。

自从甲午战争清廷遭到惨败之后，清政府赖以存在的意识形态与国家财政都产生了危机，民族冲突、社会矛盾集中爆发，中国北方成了焦点所在，天津正处在这场角

位于天津的北洋大学堂因兵燹被迫停办，三年后方才复课

力的前沿。"戊戌变法"两派交锋的主战场实际上就在天津，这是早些年李叔同耳闻目睹过的。变法失败和清廷对维新派的落井下石让志士齿冷，很多人放弃了对朝廷的幻想，在默默地准备着斗争。八国联军在天津之役后，接管了天津地方政府，组成"都统衙门"施行统治，彻底排除了清政府的管辖权。俄军司令官首先提出成立一个"临时政府"管理天津，由出兵各国选派一人组成委员会，但是这个委员会对城市事务只有发言权，要另外委任一名总督主持政府工作，掌握行政权。这一主张暴露出俄国人想独霸天津的野心，当即遭到英、日、德三国的反对。各国最终达成的妥协方案是，由当时派兵最多的俄、英、日三国各自委派一名拥有同等权力的军官担任委员，组成"临时政府"，政府管理部门则分别由各国派员负责。"天津城临时政府"于7月30日成立，地点就在海河三岔河口处的直隶总督衙门旧址。"临时政府"的中文名称最初是"总督衙门"，半个月后确定正式中文名称为"都统衙门"。在清代，八旗分驻各省，坐镇地方，名为"驻防"，专设将军、都统、城守尉等职官统率。如张家口和热河都统，官阶与将军同样为从一品，其官署称"都统衙门"。统帅八旗的都统同时治理辖地民政，为地方最高行政长官。天津临时政府取"都统衙门"为名，在其发布的中文告谕中，也称临时政府委员为"都统"，表明其军政府的性质。

按照临时政府建立时公布的"行政管理条例"规定，政府委员应由"联军司令官会议选举产生"。奥匈帝国由于实力不济没有参加临时政府，5月10日美国也宣布退出临时政府，此后临时政府就一直由6名委员组成。临时政府下设巡捕局、卫生局、库务司、司法部、公共工程局以及总秘书处和汉文秘书处。各机构为首者，除了巡捕局局长是一名英国军官外，其他都是具有专门资格和能力，有的还是久居天津，对中国情况比较熟悉的外国人，甚至是能讲一口汉语的"中国通"。如担任汉文秘书长的丁家立是久居天津的美国人，与李鸿章关系密切，受聘任天津中西学堂（1903年易名为北洋大学，今天津大学）总教习，兼任美国驻天津领事馆副领事。卫生局局长德博施是一名法国医生，曾任法国驻华公使馆医生，当时正在天津行医。公共工程局局长、丹麦工程师林德，长期生活在天津，从19世纪80年代就在英租界从事公用事业，19世纪末参与海河治理工程。

在都统衙门统治时期，其辖区范围不断扩大。临时政府初建时，管辖区限定在老城以及城外土围墙以内地区。1901年2月，临时政府宣布扩大管辖区，整个天津县以及宁河县所属新河以南地区，东至渤海边，西到天津城以西大约25公里，均被纳入其管辖。整个管辖区还被划分为5个行政区。原辖境加上土围墙外25处村庄定为城厢区，其他新扩地区被划分为城北区、城南区、军粮城区和塘沽区。除了城厢区以外，临时政府在其他4个区各委任区长1名，并分别由占领该地区的外国军队指派1名尉官担任。区长直接对临时政府委员会负责，没有财政权，但拥有一定限度的刑事和民事审判权。

说起清政府的旧行政体制，城市并无专门的政府机构，而是作为地方政府所在地，归属县管辖，政府管理不达县以下。都统衙门按照西方城市行政体制设置，不仅其事务管辖范围远远超出了县衙门，还首次出现了城市行政区的建制。然而，作为军政府，临时政府并不实行分权或自治体制，而是实行委员会集权制，集

立法、司法和行政权力于一身。根据联军司令官会议通过的"天津行政条例",委员会有权制定和公布具有法律效用的各种条例,有施行治安管理的权力和司法权力,有权向中国人征税,有权支配中国政府的财产以及没收和出售中国人的私人财产。从临时政府司法条例以及案件审判记录中可以看出,这一时期的法律制度是按照西方近代法律体系建立的。只是,临时政府不实行司法独立,立法权掌握在联军司令官会议和临时政府委员会手中。司法方面,临时政府设有法庭并任命了法官,所有刑事和民事案件均由法庭审判。但是,各项判决都要经委员会批准后才能执行,委员会对法庭的判决有修改权和否决权。按照"行政条例"的规定,临时政府有权判处华人各种刑罚直至死刑,有权处以罚款或没收财产。对于外国人,则按照治外法权执行,只有权将其逮捕,然后送交其所属国的军事或领事当局审判。

创立警察制度是临时政府法制体系的另外一个方面。临时政府甫一建立,便首先成立巡捕局,着手建立城市警察系统。警察由外国巡捕和华人巡捕两部分构成。外国巡捕主要是由各国军队抽调官兵组成,一部分负责该国军队占领区,一部分组成国际巡捕房负责车站、政府办公处等重要地方。此外由意大利人组成水上巡捕,负责海河等河道的警务。华人巡捕是单独组织,由绅商保举本区华人充任,听从外国巡捕指挥执行警务。城厢地区还被划分为 8 个治安区,每个区推举 6 名绅商协助治安管理。"遇有不法情弊",绅商可以到都统衙门汉文秘书处"禀陈"。临时政府管辖区扩大后,各区每个村庄公举 3 名绅董充当村正,组织华捕。

传统中国城市秩序的确立和治安的控制,注重依靠社会的力量,衙门在这些方面显得无能为力。当 19 世纪城市人口大量增长的时候,城市控制方式的滞后,成为社会失控的主要原因。临时政府巡捕不仅负责司法、治安,还负责交通、卫生等公共事务,这与传统衙门的管理有明显的不同,政府对社会的控制职能强化了。首次出现的专门在街头站岗维持治安的巡捕,让心存疑虑的士人们觉得他们"明系保民，暗系查看津民动静"，但在天津建立的警察制度对后世中国影响深远。由站岗的警察来维持交通和治安，这可以看成是进入近代生活方式的肇始。此后袁世凯从联军手里接管天津后巡捕制度被完整地保留下来，巡捕改称"巡警"。

随都统衙门而来的还有城市税收制度。临时政府的财政最初是依靠参加临时政府的各国各垫款 5000 英镑开始运行的。临时政府成立后，按照西方的模式，建立了城市税收制度，根据临时政府制定的税收章程，主要开征入市税（即厘金）、码头捐、所得税（房捐）、铺捐和执照税等。临时政府设置了 4 处征税的税卡，还将张燕谋的"庆善银号"定为"官银号"，作为政府纳税处。临时政府对各项捐税收入和政府支出有详细和明确的记录，实施严格的管理。从记录中可以看出，税收制度建立后，临时政府的财政收入不断增加，许多公共工程得以实施。后来在向袁世凯办理政权移交时，临时政府将全部收入和支出的账目清单，以及还在施工中的公共工程所需的费用、政府财政结余等事项一并交给了袁世凯。

然而，这被蒙上"现代文明"幕布的改变，却交织着牺牲者的泪和被碾压者的血。义和团团民被捕后都被统一押送至天津西门外处决，斩首示众——仅仅几个月以前西门附近还是义和团设坛活动的场所。一度支持义和团的候补道台谭文焕，被德国军队从保定擒获后也押解到天津，交由都统衙门处决，悬首北门示众。为了防范民间的反抗，都统衙门严禁百姓拥有武器。临时政府一成立便发布告谕，

联军当局当街斩首义和团团民

要求百姓在限期内将持有的军械上缴巡捕局。为此，临时政府委员会甫一成立，即专门做出决议，禁止华人拥有武器弹药，凡藏有武器或持械犯罪

联军收缴鸟铳等武器

者，无论轻重一律处斩。在都统衙门统治期间，因此而被处死者数十人，有的甚至不问罪行轻重，只要持有武器，即被处死。临时政府甚至将鞭炮列入武器弹药之列，以严刑峻法来禁止其出售和燃放，百姓所习惯的生活遭遇前所未有的粗暴干预。

　　八国联军占领期间，天津直至沿海的军事设施一律被摧毁，天津的城墙也被拆毁。最早拆毁的是天津东、西机器局和西沽武库。天津这个19世纪北方规模最大的军火生产基地，在德、法、意军方的轮番破坏下，基础建设被完全摧毁。洋务运动多年造就的军火工业自此不复存在。

　　这是1900年11月，"临时政府"委员会以"基于军事目的和卫生的原因"下令拆除天津城墙。拆除工程分别承包给中国商人和日本商人，拆墙所得整砖归承包商，碎砖和地皮归临时政府。其时天津霍乱流行，不少被强迫劳动的苦力倒在了城墙之下。虽然到了19世纪，城墙的传统防御功能在威力强大的新式火器面前已经基本上失去了价值，但是拥有高大门楼的城墙仍然是中国人观念中一座城市传统的标志和象征。没有城墙的城市失去了骄傲，让人们一时难以接受。当然，城墙拆除后，当时先进的城市规划理论得到了一个实践的场地。都统衙门主持沿城墙基址修筑了四条马路，它们成为老城区的交通干道，改善了城市交通状况。市民明显感到了交通的便利，就算是满怀疑虑的士人储仁逊，也在《闻见录》里对此表示认可。这是后话。

57

回到当时，失去了全部骄傲、在入侵者铁蹄下呻吟的天津赫然在目，这让李叔同思绪起伏，悲愤难平。在天津有种种谣传，比方说去河南的路上，"土寇蜂起"，"行人惶惶"，安全难得保证。这样一来李叔同"拟赴豫中"的计划，就不得不取消了。

这一期间李叔同滞留天津继续与师友过访。过去在天津学习书法时，李叔同结识过几位日本同道，其中有位上冈君，名岩太，字白电，别号九十九洋生，与李叔同比较熟悉。听说此君正患病住院，一天晚上，他前去探视。看样子，那时李叔同尚未学习日语，上冈也仅识得汉字，不会口语，二人只能靠纸笔进行交流。上冈供职于红十字会，多有救护之举，并不赞成日本侵略中国。李叔同与他"笔谈竟夕"，"极为契合"。上冈还给他说了一番要"尽忠报国"的话语，李叔同听了"感愧殊甚"，吟成《感时》七绝一章：

> 杜宇啼残故国愁，
> 虚名遑敢望千秋。
> 男儿若论收场好，
> 不是将军也断头。

转天，李叔同又偕上冈和另一位日本人大野舍吉、友人王曜忱等，来到他老师赵幼梅执事其中的育婴堂，几个人合了影。过两天，李叔同再次访问育婴堂时，赵幼梅跟他谈到，日本人向其求书者甚多。李叔同也告诉老师，一些日本人见他"略解分布"，很喜欢他的字，"争以缣素嘱写，颇有应接不暇之势"。到天津这些天，他已给神鹤吉、大野舍吉、大桥富藏、井上信夫、上冈岩太、塚崎饭五郎、稻垣几松等多位日本书法爱好者写了字，其中大桥富藏的字也很有名，李叔同向他要了数幅。当时住天津的日本人中有姓千叶的，书法尤负盛名，通过赵幼梅，李叔同也得了他一副对联。在津期间，李叔同与这么多日本人进行了书艺方面

的交往，怪不得他要说"海外墨缘，于斯为盛"了。

在姚家借宿几天后，李叔同又移入旅馆。来津月余，节令已当仲春，但北方的气候依然凝阴积寒，又多狂风，遇上风雪交加，严寒砭骨，就算身着重裘还是起栗不止。在旅馆中终日枯坐极其无聊，李叔同于是阅读随身带来的《李后主集》。读到《浪淘沙》"帘外雨潺潺，春意阑珊，罗衾不耐五更寒"的词句，心下不由为之怅然，之后作《津门清明》诗，云：

> 一杯浊酒过清明，
> 觞断樽前百感生。
> 辜负江南好风景，
> 杏花时节在边城。

想到江南好风景，这时是他该返回上海的时候了。

李叔同这次回天津，前后历时将近两个月。1901 年 3 月，他仍由海路南下，第一夜寄住在塘沽旅馆。长夜漫漫，孤灯如豆，凄寂中他思绪联翩。第二天傍晚他登轮就道，更觉怅然若失。

这次返津探亲，他虽然见到了不少师友，但未能见上二哥李文熙，心中很是不快。再加上耳闻目睹庚子拳乱前后的光景，津门又不复儿时的景象，于是他写下一首《西江月·宿塘沽旅馆》，其中有这样的句子：

> 前尘渺渺风思量，
> 祇道人归是谎。
> 谁说春宵苦短，
> 算来竟比年长。
> 海风吹起夜潮狂，
> 怎把新愁吹涨？

他在另一阕《登轮感赋》中写道：

感慨沧桑变，
天边极目时。
……
河山悲故国，
不禁泪双垂。

船泊燕台（烟台）。这里山势环拱，帆樯云集，海水清澈。李叔同上岸小憩，登高极目，略展胸臆。回到船上继续航行，又是笙琴笛管，又有清歌，交替不已。"故国三千里，深宫二十年。一声河满子，双泪落君前。"管弦嘈杂，汇成《河满子》一曲，徒增伤怀。李叔同在枕上口占一绝：

子夜新声碧玉环，
可怜肠断念家山。
劝君莫把愁颜破，
西望长安人未还。

李叔同回到上海，随即将二三月间北上探亲的经过与见闻，整理成《辛丑北征泪墨》书稿，将途中所作诗词串联其间，准备刊刻印行。他在前言中说："游子无家，朔南驰逐。值兹离乱，弥多感哀。城郭人民，慨怆今昔。"

李叔同还将收入《辛丑北征泪墨》中的诗词作品另行辑出，寄给天津的赵幼梅先生。赵幼梅获读后，写有如下题词：

神鞭鞭日驹轮驰，
昨犹绿发今日须。
景光爱惜恒歉歈，

60

矧值红羊遭劫时。

与子期年常别离,

乱后握手心神怡。

又从邮筒寄此词,

是泪是墨何淋漓。

雨窗展诵涕泗垂,

檐滴声声如唱随,

呜呼吾意倩谁知!

李叔同所作《赠津中同人》一诗中亦有"我本红羊劫外身"之句。古人迷信,丙午、丁未年是灾年的说法从唐宋时期就已流传。丙丁为火,色红,未为羊,因此称国难为"红羊劫"。李叔同作《辛丑北征泪墨》,赵幼梅为之题词,因是国家遭逢八国联军入侵之后,故有"我本红羊劫外身""矧值红羊遭劫时"等诗句。国家遭遇的灾难实是刻进了数代人的心里,情景虽移也难以改换心绪。

李叔同早年写作的文稿已大多散佚,正是因此,《辛丑北征泪墨》一文也就更显珍贵。这篇文章不只有作者彼时彼地的人生经历、艺事活动和思想情绪,也记录下了时局变幻和人情世态,作者境遇和乱世时局相互契合,爆发出写实却又能打动人心的力量。马叙伦先生在《忆旧》中说,李叔同此作一出,在上海文坛引起不小反应,士人盛称他为"豪华俊映,不可一世"。

学运风波恶

李叔同移居沪上前,在天津进过家馆,读过书院,上过县学,也结交过众多名士学人,在国学方面已有相当根基。但他这一时期的学习进修,时断时续,不够连贯,也不够系统。诗词文章、书法篆刻,虽有一定造诣,且在文士圈中有相当影响,但是这些都只算一些兴趣爱好,从传统眼光来看是雕虫小技,于个人进身立业并无多补。学习一个典型文人的雅好，固然将自己从内在到外在，装点得像一个文人；然而，没有取得功名仍然不能算是一个文人——到处装点着金石书画、丝竹文章的"浪漫"世界背后，却是如此残酷和势利的现实。

到1901年，他已二十又二，还未博得任何功名，也无正当职业，再以翩翩少年名世总是气短。当然，凭借父亲留下的百万家资，李叔同能够继续徜徉在十里洋场，当个寓公悠游一世，醉生梦死。当时选择这种生活的子弟不在少数，他们在灯红酒绿温柔乡中消磨人生尚嫌太慢，还要来几口大烟。一般的土豪子弟如此，很多早年有文名却科举受挫的士人也抗拒不了诱惑，任凭肉体的欲望裹挟着灵魂一去不返地沉沦。李叔同已经耳闻目睹国家遭受的动乱，感受到了命运的难以预测。面对这样的困境，决意奋力向上的李叔同从天津返回上海后，以"李广平"之名报考了南洋公学特班。

南洋公学创立于1897年，由因洋务运动而享有盛誉的盛宣怀督办，分管具体事务的总办由他的心腹汪凤藻担任，办学资金则从盛宣怀经营的铁路、电报、招商局等实业所取得的收益中调拨。学校先后开设了师范院、外院（小学）、中院（中学）和上院（大学）。这所南洋公学是现在上海交通大学、西安交通大学、台湾交通大学的前身，学脉不绝，人才辈出。

1901年，根据监督沈子培的提议，南洋公学又扩招了一个特班。特班第一次招生二十余人，主要面向江浙籍考生，要求擅长古文，课程安排有外国语和经世之学，以备将来经济特科之选。而所谓经济特科生，

南洋公学校门

62

既由内外大臣保荐，又需经过策论考试，目的在于选拔通晓时务者。实际上，这是清朝末年对科举考试加以改革的一次尝试。

南洋公学特班设立之初，即聘著名教育家蔡元培先生来校。蔡元培原在翰林院任编修，"戊戌变法"失败后，他深知"清廷之不足为"，便断然弃官离京南下，先是在家乡绍兴任中西学堂监督，1901年后受聘南洋公学，任特班中文总教习，总管特班事务。与李叔同一样，蔡元培也是出身富商家庭，少有文名。他17岁考取秀才，24岁中举，26岁得进士，到28岁登科殿试，成为当朝翰林院的编修。然而，清廷暗弱，蔡元培最终与之决裂，走上了革命道路。这条革命道路又是由教育救国的思想引导的——就这样，命运的齿轮将蔡元培和李叔同带到了一起。

南洋公学的特班招生按笔试、口试两项考试的总成绩录取。李叔同走入笔试考场时，就被南洋公学之"新"给震撼了。笔试考场门口竟站着一位西洋人，装束可谓不伦不类——上身穿西服，却戴一顶中式瓜皮小帽，帽顶上还缀着一颗黄色的顶珠，黄发碧眼，举止奇怪。李叔同问了旁边的考生，才知道他是学校派来的监考官，名叫福开森。南洋公学提倡洋务，让福开森来此，大概是作为学校精神的一个象征。主持口试的倒是国人，是后来对中国出版文化事业做出巨大贡献的张元济先生。在这次命运的交汇中，李叔同被问到了什么、他又是怎么回答的，都已经无法考证。而据与李叔同同期报

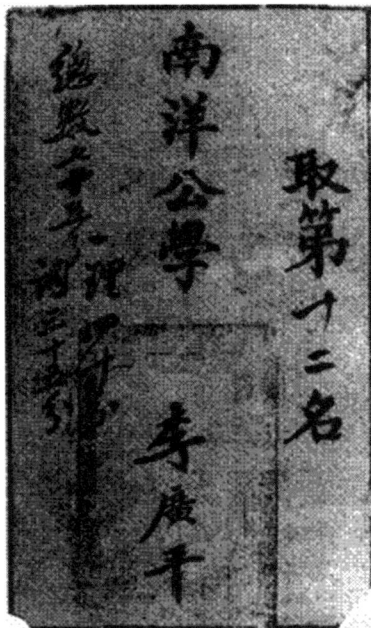

1901年李叔同考入上海南洋公学时的试卷分数单

考的黄炎培先生回忆，张元济问他："你信宗教吗？信哪一种宗教？"黄炎培据实回答："我没有信什么宗教。"张元济鼓励他说："不信仰宗教，很好。年轻人，多学点知识，以后大有可为。"不知张元济先生向李叔同提出这个问题会得到怎样的回答，不管怎么说，李叔同在这次考试中表现得不错，他总分得到了七十五分，在所有考生中名列第十二，顺利被南洋公学录取。他的同班同学中，有邵力子、黄炎培、谢无量、王世澂、胡仁源、殷祖同、项骧、洪允祥、贝寿同等十余人，这些名字有很多都闪耀在中国近现代史上。开学典礼时，李叔同第一次见到了蔡元培，李叔同在礼台下，而蔡元培在礼台上。一见之下，李叔同即对这位海内闻名的大人物有了好感，仰慕中带着亲近。在南洋公学的学习生活值得期待，而这一批年轻人的未来看起来更是说不出的美好。

特班日常课程，上午读英文、算学，下午学中文，间以体操等户外活动。在第一堂中文课上，蔡元培详细讲述了他的教学内容和具体安排。他说："特班生可学的门类很多，有政治、法律、外交、财政、教育、经济、哲学、科学、文学、论理、伦理等等，一共三十多门。你们每人可以自定一门，或两门，或三门。等大家各自选定后，我再给你们每人开具主要和次要书目，依照次序，向学校图书馆借书，或自购阅读。老师讲解辅导只是一个方面，而且是个次要的方面，主要靠你们自己去认真阅读领会。我的方法是，要求每人每天必须写出一篇阅读札记，交上来由我批阅。"学生的札记，隔一二日退回一次，蔡先生都有或长或短的批语，佳者于本节文字左下角加一圈，尤佳者双圈。还规定，每月命题作文一篇，亦由蔡先生批改。经过

蔡元培（1868—1940）

64

近一个世纪的辗转流徙，现在还留有李叔同当年的一篇论文，题为"论强国对弱国不守公法之关系"。文章说：

> 世界有公法，所以励人自强。断无弱小之国，可以赖公法以图存者。即有之，虽图存于一时，而终不能自立。其不为强有力之侵灭者，未之有也。故世界有公法，惟强有力者，得享其权利。于是强国对弱国，往往有不守公法之事出焉。论者惑之。莫不咎公法之不足恃而与强弱平等之理相背戾。

在李叔同看来，所谓世界公法云云，只对强国有意义，它们在享受权利之余，还可侵略弱小国家，做出恃势违情之事。因此，弱小国家断不能依恃公法侥幸图存，唯有自强自立之一途。李叔同此时这样立论，显然包含着他从刚刚过去的庚子国变以及其后订立的《辛丑条约》中获得的深刻体会。蔡元培先生在批改李叔同这篇文章时，悉心阅读，为其重新标点过。

除了审读批改读书札记和命题作文，每天晚上，蔡元培还召集二三学生，去他住室中谈话，或是发问，或令其自述读书心得，或谈时事感想。每个学生，隔个十天半月，都有机会聆听他一次当面教诲。现在这位大教育家对学生们循循善诱的画面只能到故纸中去追寻了，想来在李叔同自己从教的时候，多少会有蔡先生当年的影子。

这个时期李叔同在南洋公学给同学们的印象，黄炎培 1957 年有一段文字谈到，说：

> 我和叔同是一九〇一、一九〇二年上海南洋公学——后来被先后改名南洋大学、交通大学——特班同学。叔同名广平，原籍浙江平湖，出生于天津盐商的富有家庭。同学时他刚二十一二岁。书、画、篆刻、诗歌、音乐都有过人的天资和素养。南洋公学特班宿舍有一人一室的，有二人一室的。

他独居一室，四壁都是书画，同学们很乐意和他亲近。特班同学很多不能说普通话，大家喜爱叔同，因他生长北方，成立小组请他教普通话，我是其中的一人。他的风度一贯地很温和，很静穆。

从黄炎培的描述中，可见当时李叔同的艺术造诣已给大家留下了深刻印象，而其温和静穆的风度为他赢得了同学们的尊重。

蔡元培很重视特班的外语学习，他对学生们说："世界天天在进化，新事物天天在发现，各种学说亦日新月异，当今学人唯有具备世界新知识，才能不落人后。这就需要多学外语。"又说，"现在中国被西洋各国欺侮到这等地步，我们要'知己知彼，百战不殆'，认清了自己的弱点，也要了解国际大势。而要了解国际，必须通晓外国文字，读外国书刊。英文是要读的，学日文也好，从日文中同样可以了解国际情况。大家除了在中学部插班学习英文，还可跟我学日文。我不能说日语，但能看书，用我的看书法教你们学习日文笔译。……大家可以边学习日文边做翻译，既学会了日文，也引进了西方新学，介绍了国际形势，以一新国人耳目"。

李叔同在南洋公学，不但为英语打下了一定基础，还在蔡先生的指导下，译出了日本著名律师玉川次致所著《法学门径书》，以及法学研究者太田政弘、加藤正雄、石井谨吾三人合著的《国际私法》。1903年，这两本法学译作由上海开明书店先后出版，李叔同署名李广平。这本《法学门径书》的正文篇幅不长，翻译成汉语只有五六千字左右，内容分六章，分别讲解法学纲领、法律的意义、法律学的研究方法、法学原理的意义以及研究法律应具备的知识基础。《国际私法》正文有2万余字。这两部介绍国际公权与私权的译著成了我国近代法律学早期重要的基础文献，我国法律从最初倾向英美法系走向大陆法系，这两本译著起到过很大影响。除此以外，相当多的法学术语亦由这两本书首次介绍到国

内，并一直沿用至今。《法学门径书》有以"读者"名义撰写的序言，序言中说，"法学译成之书，虽以十数计，但却本末未具，先后不辨，不能以之导人。玉川君是书虽寥寥无多语，然真图之界之者也。吾于是多译者之卓识云"。耐轩则在《国际私法·序》中说："李君广平之译此书也，盖慨乎吾国上下之无国际思想，致外人之跋扈飞扬而无以为救也。故特揭私人与私人之关系，内国与外国之界限，而详言之。苟国人读此书而恍然于国际之原则，得回挽救于万一，且进而求政治之发达，以为改正条约之预备，则中国前途之幸也。"这并不是过誉之词。《国际私法》被收入《政法丛书》第六编，由《译书汇编》杂志社编辑出版。李叔同在蔡元培先生的倾心指导下，初出茅庐发表的译作就具备了全国性、长时期的影响力。

蔡元培先生还对学生们说："今日之学人，不但自己要学习新知识新思想，还要用学来的新知识新思想引导社会，开发群众。而现在的民众，大多数不认字，没文化，不能看书读报。怎样才能用我们学来的新知识新思想去开发他们呢？用口语即用演讲去宣传，是一种极有效的方法。古希腊大演说家伊索克拉底就曾用他的演讲，点燃了广大听众的心灵之火。我希望我们中国，也能出现像伊索克拉底那样的大演说家，用他的口才去唤醒民众的心。但演讲是一门学问，大家平时要多多练习，必要时可以成立一个演说会，以便相互切磋，提高演讲技术。"

据黄炎培先生回忆，他受蔡先生的启发与鼓励，并在其直接指导下，办起了演讲会。但多数同学操的是江浙方言，讲起来令人发笑，唯有李叔同会说标准国语，又吐字清晰，大家就请他当口语教授，按他的发音行腔学习国语。不久，演讲会举办了一次辩论，题为"世界进化，道德随之增进乎抑或退步乎？"；还有一次演讲会，题为"试列举春秋战国时爱国事实而加以评论之"。大家都用新学的国语发言，效果很好。

南洋公学特班，因有蔡元培先生主持，学子们都感到受益匪浅，在新思想的培育方面，进步尤为显著。不过这所学校自开办以来，校方办学思想不统一，加上新旧两种思想有差异，部分教师和管理人员不受学生欢迎，双方潜伏着对立情绪。中学部第五班有个教员名叫郭振瀛，开课讲授《东华录》，在课堂上鼓吹"圣祖""武功"等思想，并严禁学生阅读《新民丛报》等进步报刊。郭振瀛是秀才出身，学生们对他的学问不以为然，在背后叫他"空墨水瓶"，讥讽他胸无点墨，他察觉后便在课堂上对发表不同言论的学生给以打击和压制。这种做法无异于火上浇油，让学生更加反感。1902 年 11 月间，这位郭秀才在上课时发现，有人摆了一个洗干净的墨水瓶在他的座位上，他歇斯底里地指责何正均和另一名学生，说他们有意侮辱教师，唯逐之而后快。学生不服，沈涉洲、胡敦复等与之据理力争。郭秀才盛怒之下，强硬要求校方把这些争辩的学生都加以惩处。当时的校董偏袒郭秀才，不问情由就要开除学生。这件事于是进一步发酵，同班的学生很多人认为，受处分的学生并非侮辱师长，开除的处分过分严厉，呼吁校方收回成命。校方则蛮横粗暴地对待学生：全级为请，斥全级；全校为请，则斥全校。一个空墨水瓶竟然成为点燃学生和校方对立的导火索，酿成中国教育史上从未有过的退学大风潮。

蔡元培站出来为学生力争，亦无济于事，愤慨之下，他和其他倾向进步的教员一起，于 11 月 16 日率领各自的学生在操场集合，然后走出了南洋公学校门，一声珍重各自别离。李叔同和特班同学们也不例外，他们放弃了自己今后保举经济特科的资格，表明了态度，离开了南洋公学。

蔡元培在谈及这次退学风潮的深层原因时说："论者谓为孑民平日提倡民权之影响。孑民亦以是引咎而辞职。"但他又毫不隐讳地说："我在南洋公学时，所评改之日记及月课，本已倾向于民权女权的提倡。及到学社，受激烈环境的影响，遂亦公言革命无所忌。"这也是使他坚定走上革命道路的一个里程碑事件。

南洋公学集体退学时，蔡元培对特班学生说："汪总办不让我

们完成学业，我们应该自动地组织起来，扩大容量，添招有志求学的青年学生来进修，你们能胜任哪门功课的就当哪门功课的教师。如果办教育，也是很有前途的。"在此之前，1902 年 4 月，蔡元培与宗仰、叶瀚、蒋智由等，"以教育中国男女青年开发知识而增进其国家观念，以为他日恢复国权之基础为目的"，发起成立了中国教育会，蔡元培任会长，主要成员有章太炎、吴稚晖、黄炎培、蒋维乔等。1902 年 11 月，该会创办爱国学社，旋即又开办爱国女校，蔡元培为总理（校长），吴稚晖为学监（教务长），吸收部分南洋公学退学学生入学。同一时期，爱国老人、著名教育家马相伯先生创办震旦学院，也接纳了邵力子等部分南洋公学退学学生到该校肄业。

这里插叙几笔。在南洋公学特班高才生中，有后来成为国学大师的谢无量。谢无量与另一位后来成为国学大师和佛学大师的马一浮关系特殊。马一浮于 1898 年应浙江绍兴县县试，名列榜首。同时应考的有周树人、周作人兄弟等。马一浮的试卷被当地一位社会贤达汤寿潜——此人在民国时期曾担任浙江都督，后又任交通总长——看到，他大加赞叹，以为绍兴府出了神童，这是为家乡增光。于是他主动找人执柯，将长女许配于马一浮。是时，谢无量亦秉学于汤寿潜，从此，他与马一浮同列门墙，相契无间。1901 年后，谢、马二人在上海合办《二十世纪翻译世界》杂志，介绍西方文化。这时，谢无量已在南洋公学与李叔同同班就学。因与谢无量相识的关系，李叔同经他介绍也认识了马一浮，并成为好友。这一机缘，对李叔同后来人生道路的选择，具

谢无量（1884—1964）

69

有重要意义。

　　离开南洋公学后的一段时间，李叔同曾在上海圣约翰大学教授国文。在那里，他结识了无锡人尤惜阴，两人成了很好的朋友。公学散学，断了李叔同有望进入经济特科的科举之途，然而他仍想在这一道路上作番拼搏。1903 年秋，他长途跋涉前往开封，寄籍应癸卯科乡试。"桐达李家"在河南省内黄县等地也有支脉，另其为祖传引地，因此在那里应试不算冒籍。两次乡试，李叔同用的都是李广平的名字。但李叔同与科举、仕途实在无缘，两次应试，两次落第，这绝了他的仕进之心、官宦之途。

　　李叔同牢记着蔡元培先生的嘱咐，要用自己已有的知识去帮助那些有志求学而未能就学的青少年，使他们有机会补习进修。1904 年，马相伯与穆藕初等发起成立沪学会，向西方学习强国之法，练习枪操，倡导尚武精神。李叔同与黄炎培、许幻园等，参与其中的一些活动，这个组织的其他成员都对他有不可忽略的影响。

　　马相伯（1840—1939），名良，以字行世，出生于江苏丹徒。青年时入上海徐家汇天主教耶稣会小修院，接受关于"神修"的教育，苦读八年。这八年间，神学以外，他广泛涉猎法文、拉丁文、理化、数学等新知识，成绩总是名列前茅。最终他取得了神学博士学位，毕业后顺理成章地被教会任命为神甫。法国驻沪领事馆招聘他担当翻译的工作，而在其许下的优厚待遇面前，马相伯力辞不就，表示愿以自己平生所学为中国人多办些事。他在语言学方面成果斐然，梁启超、蔡元培、张元济等都曾师从他学习文学。1872 年，马相伯担任刚成立的上海徐汇公学

马相伯（1840—1939）

（今徐汇中学）的校长。此后，除一度当过清政府驻日使馆参赞，他的一生都用在了教育事业上。马相伯于1903年创办震旦学院，接收了邵力子等一批南洋公学退学学生和革命青年。因此，震旦学院的革命氛围十分浓重，这引起了教会的注意，矛盾发酵，最终导致马相伯被解职。他不屈不挠，又另创复旦公学，现在则发展成为复旦大学。校名取自当时的国歌《卿云歌》，又有复兴震旦之意。辛亥革命后，蔡元培出任教育总长，马相伯代理他出任北京大学校长之职。九一八事变后，马相伯积极投身抗日救亡活动，为营救沈钧儒等"七君子"不遗余力。七君子出狱后，到南京拜谢马相伯，题词曰："惟公马首是瞻"。马老一生桃李遍天下，作为教育家他收获了社会各阶层人士的敬意，沪学会在他的关心下凝聚了不少。

沪学会的另一位创办者穆藕初（1876—1943），原名湘玥，也是以字行世。他出身于江苏川沙，与黄炎培同乡。他有一位哥哥就读南洋公学，与李叔同、黄炎培等是同学。这位兄长经常在同学面前夸赞自己的弟弟好学有志气，穆藕初亦常去公学看望兄长，由此得以与李叔同等人相识。穆家祖上以种田为生，到他父亲一辈，曾在上海十六铺开设花店，家道始富。家族盼望穆藕初参加科举，光耀门楣。但好景不长，花店破产，穆家生计又入困顿。穆藕初13岁失学，先在棉花行做了十余年学徒工。不过，在这清贫而忙碌的生活中，他没有放弃自学，并且报名参加夜校，坚持半工半读，积累了不错的英文基础。1900年他考入海关。1909年，他接受朱子尧等人资助，赴美专攻农科和企业管理，并在五年后获农学硕士学位。回国后他先后在上海、郑州等地兴办实业，创办纱厂、纱布交易所、棉种改良会等，作为一名成功的实业家而享誉国内外。和当时为数不少的实业家一样，他不忘社会公益事业，尤其热心于资助文化教育。他曾创办多所中小学，出资五万两资助罗家伦等十余名青年出国留学，长年资助黄炎培主持的中华职业学校；为给俞振飞等提供学艺条件，曾筑

"韬庐"于杭州；1921年，于苏州创办昆剧传习所，造就了昆剧"传"字辈一代艺人；还出资为俞粟庐灌制唱片，留下了一批珍贵的文化遗产。抗战期间，穆藕初担任上海救济委员会给养主任，筹供难民给养；还亲赴前线慰问抗敌将士，备极操劳。他创造的"七七"型手动织机，为推动后方生产做出了贡献。穆藕初病逝重庆，《新华日报》发表文章称他"一生奋斗的历史，正是中华民族工业的一部活的历史"，"值得我们深深纪念"。李叔同与穆藕初在沪学会的一段合作经历，为彼此留下了美好的记忆。李叔同出家后，与穆藕初仍有些交往，并得到过他的助缘。穆藕初在《五十自述》中有一段回忆，写到他对李叔同的印象：

72

> 有某君者，二十年前创办沪学会之老友也，性聪颖而耿介，书、画、琴、歌、地理、金石靡不精通；富有辩才，尤工国语；雅度高致，轶类超群，律己谨严，待人谦和。当抵制美货时，慷慨激昂，于激发国民爱国天良，非常殷切。……

李叔同在沪票演京剧扮演黄天霸剧照

沪学会设有补习科，招收失学青年，还举办演讲会、编演文明戏等活动，提倡女权民权。李叔同早年就酷爱戏剧，在天津时向孙菊仙、杨小楼、刘永奎等名角学过京剧，票演《落马湖》等武生戏，在上海舞台出演过《黄天霸》《白水滩》等剧目。沪学会采用戏剧形式宣扬移风易俗，正合李叔同的兴致。他写了《文野婚姻新戏册》，并系诗四首，

三、四两首是：

其三：

> 河南河北间桃李，
> 点点落红已盈咫。
> 自由花开八千春，
> 是真自由能不死。

其四：

> 誓渡众生成佛果，
> 为现歌台说法身。
> 孟旃不作吾道绝，
> 中原滚地皆胡尘。

前一首鼓吹个性解放、婚姻自由对生命之意义——"是真自由能不死"，后一首阐明了利用戏剧等文艺形式之重要性——"孟旃不作吾道绝"。"中原滚地皆胡尘"一句，有抗拒外国入侵的意思；这首诗中"誓渡众生"也流露出李叔同的佛教倾向。

直至 20 世纪初，中国音乐记谱法还是传统的工尺谱，没有现代的作曲法。后有沈心工游学日本，学习乐歌作法，回国后在南洋公学附小等学校中传授，编出《学校唱歌集》示范，中国音乐界才开始按现代方法编写乐歌。李叔同邀请沈心工在沪学会文化补习班开设乐歌课，自己也一起听讲，接受西洋音乐的启蒙。其时，国家正处于内忧外患之际，需要爱国主义精神。"抵制美货""抵制日货"运动初起，李叔同为沪学会作词配曲《祖国歌》一首，歌词曰：

上下数千年，一脉延，文明莫与肩。

纵横数万里，膏腴地，独享天然利。

国是世界最古国，民是亚洲大国民。

呜呼，大国民！

呜呼，唯我大国民！

幸生珍世界，琳琅十倍增声价。

我将骑狮越昆仑，驾鹤飞渡太平洋。

谁与我！

李叔同将民间曲调《老六板》减慢为四四节拍，填入歌词，创作出他的这首乐歌处女作。《祖国歌》被时人充分赞誉，因"词曲贴切，主题鲜明，富有民族特色"，"歌颂了我幅员辽阔的华夏古国，抒发了自强不息的民族精神"，一经教唱，即由沪学会传遍沪上乃至全国，首创国人用民族曲调配制乐歌的新风，李叔同也一举成为闻名全国的乐歌音乐家。李叔同后来的门生丰子恺在回忆当年情景时说，自己的少年时代正是中国外患日逼、屡遭国耻之际，那时民间曾经有"抵制美货""抵制日货""劝用国货"等运动，他在小学里唱到这《祖国歌》的时候，正是"劝用国货"的时期。

走马章台时

像同时代的不少公子哥儿，李叔同也有捧坤伶、走章台的习气。来沪后，此好依旧。1900 年春，他应义兄许幻园之请，住进了城南草堂，一家人与许氏夫妇相处得融洽无间，有欣遇知己之感。但他不能忘怀于花间柳巷，青楼妆阁。1901 年起，他入读南洋公学，当年又作人父，对秦楼楚馆的兴致却仍无收敛。两次乡试不第、南洋公学散学……这些学业生活方面的不顺心事或许让他感到情绪的压抑需要排解，而仿效古今文人的风雅，"赢得青楼薄幸名"或许才是他流连风月场的真意所在。他与沪上名妓李苹香、朱慧百、谢秋云、语心楼主人，乃至老妓高翠娥等辈多有交

往酬唱。以上海之大、名妓之身价，即便有才有钱，也非轻易就能登楼入室。李叔同在此间流连，名声在外，反而在塑造自己风流倜傥形象的同时大大提高了声望。另外，林子青回忆"庚子辛丑以后，国事日非"，李叔同"一腔热血，无处发泄，乃寄托于风情潇洒间，以诗酒声色自娱"。不过，回忆起这段生活，李叔同说，自20至26岁之间的五六年，是他一生中"最幸福的时候"。这种"幸福"未必不包含着风月场上声色自娱的满足。单纯地为尊者讳，将选择这种生活的原因统统推给外界的压抑，是不客观的。

李叔同于1904年（甲辰）春，为铄镂十一郎著人物传记《李苹香》一书写过一篇序言，这位传主，即为当年李叔同经常涉猎的沪上名妓之一。为李苹香作传的铄镂十一郎何许人也？与李叔同又有什么关系？据文史专家郑逸梅考据，"章士钊著有《李苹香》一书"，再者，1903年时，原在南京陆师学堂就学的章士钊、林砺等四十余名学生，受上海南洋公学学潮影响，集体退学后到上海加入蔡元培领导的爱国学社，章士钊得以与李叔同相识。从这些情形推测，由李叔同作序的《李苹香》一书的作者铄镂十一郎，很可能就是章士钊。

李苹香为20世纪初沪上名妓之一，尤以才女之誉称名于风流文人之中。她原姓黄，名碧漪，身入乐籍后曾化名李金莲、李苹香、谢文漪等，以李苹香一名最著。她的居室叫天韵阁，她的几部诗文集就是以居室名命名出版的，如《天韵阁诗选》《天韵阁尺牍选》。其先祖系安徽徽州望族，至父辈家道中落，迁往浙江嘉兴县。

李苹香天资聪颖，自幼志在笔

李苹香（1880—？）

墨纸砚、诗词文章。她性情沉静温柔，不苟言笑，终日手持书卷吟哦不已。八岁即解排比声律之学，初作小诗，单词断句传诵于人。当地一位名宿偶见其作，讶然拍案，说是"此种警艳，当于古人遇之，至于今人，百年来无此手笔"。二八之年，援系求亲之人纷纷上门，均遭其父母拒绝，声言他们的女儿有志向学，富于才思，应当为她觅下佳偶才是，犹如"赵王孙之与管仲姬"，方能称心如意。李苹香舅父为市井无赖，曾以计诱惑，欲将其卖给同邑一富贵之家。这家人虽有素封之望，但人品不洁，李苹香誓死不从。

"雀屏之选，难得其人。"待字闺中的李苹香，不免有怀春之情流露。她的母亲，更为佳婿难觅而几以成疾。1897年春天，在上海经商的西洋人举行赛马会，李苹香在母亲和异母兄弟的带领下前去观看。此行既是为了消遣散心，也有相机择婿的用意。玩乐的时间久了，盘缠差不多花光。当时，在他们隔壁住着一位潘姓客，是邻县嘉善人。此客年已三十，貌丑而善于修饰，又工于逢迎，善解人意。他发觉李苹香一家三人困于旅馆欲归不得，便怂恿黄家兄妹继续外出游玩作乐，由他解囊相助，并在生活上时时予以周济照顾。潘的言行，表面上很是义气，内里却在架设着圈套，他是盯上了少女李苹香。没过多久，这位姓潘的人果真表明了本意，谋以李苹香归他为妻。吃了人家的嘴软，拿了人家的手短，黄家母子无法拒绝，而李苹香本人又由于被潘某的表面殷勤所蒙蔽，便听从了母兄之命。

这个潘姓无赖早有家室儿女，原配夫人得知其养了外室，当然不会等闲视之，善罢甘休，在乡里造足了迫使丈夫不得归家的舆论。潘某其人，既无长技，又无恒产，不过做做小生意糊口，上海话叫作"白相人"，北京则称之为"玩儿闹"。李苹香是骗到手了，老家却不能再返，无奈中带着李家三人去了苏州。潘某本来慵懒怠惰，既无法维持生计，又不去寻找正当门路谋生，竟动员李苹香投身勾栏瓦舍充当妓女，自己则甘为龟奴。李苹香接

明月照天心
李叔同

受了这一安排。她以为，既然已经失身于人，再往前迈出一步，也没有什么差别，等生活好转以后再作打算。但她没有料到的是，走出了这一步，却回不了头。

1901 年春，李苹香与潘某由苏州移居上海。她开始当么二妓，后由一位富贵之人出资，被擢拔为长三妓。从此，李苹香便以诗妓之名，高举艳帜，招蜂引蝶，芳名大噪于申江。曾有低俗小报《春江花月报》戏开草榜，在三百名长三妓中，将李苹香列为"传胪"，可见其艳帜之引人注目。报上还讥讽其不能割舍"鸠形鹄面鹑衣百结"的丈夫，乃是"处辱若荣""此才可惜"。其间，曾有富春名山民者，因倾倒于李苹香之诗才和性情，想娶她为妻，但未能如愿。不久，嘉兴老家来人控告其有辱黄氏宗族，加上龟奴潘某殴打嫖客等事，李苹香被收审羁押，结案后由父亲领回嘉兴。按说，这对李苹香来说是一个回归正常生活，摆脱卖笑生涯和欢场的机会，但此时的李苹香已不能把持自己，仅仅过了半个多月，她又潜回上海，蛰居了一段时间后重张艳帜，一本故我。

1901 年初夏，李叔同由天津探亲返回上海。刚在沪上乐籍中声名大噪的李苹香，也引起了李叔同的注意。一次，山民觞客于天韵阁，号称惜霜仙史的李叔同亦在其列。酒意阑珊之际，几个人即席赋诗，书赠李苹香。李叔同先吟出七绝三首，铁鹤、冷钵斋主、补园居士唱和后，又有和补园居士韵七绝四首。

其一：

沧海狂澜聒地流，新声怕听四弦秋。
如何十里章台路，只有花枝不解愁。

其二：

最高楼上月初斜，惨绿愁红掩映遮。

我欲当筵拼一哭，那堪重听《后庭花》。

其三：

残山剩水说南朝，黄浦东风夜卷潮。
《河满》一声惊掩面，可怜肠断玉人箫。

其四：

慢将别恨怨离居，一幅新愁和泪书。
梦醒扬州狂杜牧，风尘辜负女相如。

其五：

马缨一树个侬家，窗外珠帘映碧纱。
解道伤心有司马，不将幽怨诉琵琶。

其六：

伊谁情种说神仙，恨海茫茫本孽缘。
笑我风怀半消却，年来参透断肠禅。

其七：

闲愁检点付新诗，岁月惊心鬓已丝。
取次花丛懒回顾，休将薄幸怨微之。

1901 年秋天，李苹香有诗赠李叔同，诗云：

潮落江村客棹稀，红桃吹满钓鱼矶。

不知青帝心何忍，任尔飘零到处飞。

风送残红浸碧溪，呢喃燕语画梁西。

流莺也惜春归早，深坐浓荫不住啼！

春归花落渺难寻，万树浓荫对月吟。

堪叹浮生如一梦，典衣沽酒卧深林。

满庭疑雨又轻烟，柳暗莺娇蝶欲眠。

一枕黑甜鸡唱午，养花时节困人天！

绣丝竟与画图争，转讶天生画不成。

何奈背人春又去，停针无语悄含情。

凌波微步绿杨堤，浅碧沙明路欲迷。

吟遍美人芳草句，归来采取伴香闺。

由此看来，在李苹香被收审羁押以前，李叔同与这位名妓是过从甚密的。

除了公子哥儿的习气，究竟是什么样的思想观念，致使李叔同一度频繁地出没于声色场中呢？他为铄镂十一郎著《李苹香》一书所写的序言中透露出了一点信息。这篇序言，是从龚自珍的《京师乐籍说》一文谈起的。

乐籍，亦称乐户，原是对古代官妓和妓院的称谓，后指一切有或没有官方背景的妓院和妓女。有说这一现象起于春秋时管仲改革期间，而可以确证的是我国最晚自三国时起，即有这一类特定的"乐籍"人员存在。《魏书·刑法志》上说："凡强盗杀人者首从皆斩，妻子及同籍配为'乐户'。其不杀人赃不满五匹，魁首斩从者死，妻子亦为'乐户'。"统治者将那些触犯法令或受牵连的妇女强行收入官府，令其学习歌唱吹弹，以供他们寻欢作乐。乐籍的设立，开始只是一种惩罚性措施，入籍妇女的活动范围也仅局限在宫廷官府，唐宋后演变为统治者以声色愚民、控制社会舆情的特殊形式。既然官方不予禁止，还提倡，社会上也就有了专操此业的人。"通都大邑必有乐籍，论世者多忽而不察。"清代龚自珍痛感于此，写下《京师乐籍说》。

在龚自珍看来，历代统治者允许乐籍的存在，目的是利用它来泯灭士人的才情斗志，使其不再"论议军国臧否政事"。李叔同在序言中半戏谑地反对龚自珍的这一说法，其中写道："龚子之说，颇涉影响。"可能他觉得这种古板的说教不近人情，限制自由，有碍于市井文化的繁荣，因此借作序之机，挺身而为乐籍辩护。

李叔同后来对自己这时的生活方式也有过忏悔，有"悔煞欢场色相因"的诗句传世。有些时候，他也对他人流连欢场加以议论，如在1903年致许幻园的信中说，某某"终日花丛征逐，致迷不返，将来结局，正自可虑"。李叔同后来出家归佛，与他青年时代的这种生活方式——参与学生运动，写爱国歌曲，游戏无边风月之间有关。也是由于这段生活，李叔同有了后来的大彻大悟。

宋末词人蒋捷有一首《虞美人·听雨》，恰可与七百余年后李叔同的一生沉浮相契合。这首词这样写道：

> 少年听雨歌楼上，红烛昏罗帐。
> 壮年听雨客舟中，江阔云低，断雁叫西风。
> 而今听雨僧庐下，鬓已星星也。
> 悲欢离合总无情，一任阶前点滴到天明。

不知何日东瀛变

负笈学翰墨

1905 年 4 月，李叔同的母亲王氏因肺病不治，在城南草堂去世，年仅 46 岁。李叔同在母亲临终前上街置办棺木，回来一看，母亲已经不在了，"没有亲送"，成了他一生中最大的憾事。后来，每当提到母亲，他还常常流露出未散的余哀。

这年夏天，李叔同扶灵携眷，带着全部家什，乘船返回天津。他还是遵从古老的习俗，让母亲在故乡入土为安。

五六年来，李叔同一家人得以在上海独立门户，没有了大家族的约束，他们生活得比较自在。他有了二子准儿和端儿绕膝，母亲过得也还舒心愉快。不过美好的时光总是消逝得太快，在回津的路上，李叔同心情沉郁而茫然：天津的族人会如何接纳他的母亲？能否完成一个体面的葬礼？李叔同并无把握。没有见面的这几年，亲情是否变得淡薄？桐达李家会怎样对待他这样一位离家的子弟呢？

母亲的灵柩运抵天津后，关于葬礼的规制问题，李文熙与李叔同兄弟俩的意见果然迟迟不能统一。作为亲生儿子，李叔同希望母亲的灵柩能够移入宅内，在李家故宅内举办法事，这样母亲可以作为"内人"而得到承认。李叔同为此苦苦请求。而与之针锋相对，二哥则坚称有旧规，所谓"外丧不进门"，意指李叔同已别居的事实，最终是不承认父亲的这位三姨太在家里的地位。兄弟之间的矛盾比较尖锐，直到后来，经李家亲友们多次调停说合，双方在殡葬具体事宜上才达成妥协。灵柩进入旧宅，由门房老张爷张顺吊线找正，安置于客厅正中，随后择日开吊出殡。

与坚守"落叶归根"的传统习俗相比，在具体的葬礼仪式安排方面，李叔同反而显示出新潮而开明的一面。他没有像老天津人一样铺张排场，也不曾披麻戴孝，这次他做主为母亲举办丧仪。当时驻天津的《大公报》记者于 7 月底 8 月初，连续作了三次报道。

第一次，7 月 23 日以"文明葬礼"为题做了专题报道：

> 河东李叔同君广平，新世界之杰士也。其母王太夫人月前病故，李君特定于本月廿九日开追悼会，尽除一切繁文缛节，别定新仪。本馆已得其仪式及哀歌，因限于篇幅，俟再登录。

几天后，又以"天津追悼会之仪式及哀歌"为题，进行了追踪报道，提到追悼会"备有西餐，以飨来宾"，并录入李叔同所拟下列《哀启》全文：

> 启者，我国丧仪繁文缛节，俚俗已甚。李叔同君广平愿力袪其旧。爰与同人商酌，据东西各国追悼会之例，略为变通，定新仪如下：
> 　（一）凡我同人，倘愿致敬，或撰文诗，或书联句，或送花圈花牌，请毋馈以呢缎轴幛、纸箱扎彩、银钱洋圆等物；
> 　（二）诸君光临，概免吊唁旧仪，倘愿致敬，请于开会时行鞠躬礼；
> 　（三）追悼会仪式：（甲）开会，（乙）家人致哀辞，

（丙）家人献花，（丁）家人行鞠躬礼，（戊）来宾行鞠躬礼，（庚）散会。同人谨启。

同一天，《大公报》还刊登了两首哀歌，一为《追悼李节母之哀辞》，歌词是：

> 松柏兮翠蕤，凉风生德闱。
> 母胡弃儿辈，长逝竟不归？
> 儿寒谁复恤？儿饥谁复思？
> 哀哀复哀哀，魂兮归乎来！

另一首为《上海义务小学学生追悼李节母歌》，除了表示哀痛，反复彰显逝者的柏操贤德，其中"节母遗命以助吾学堂"一句，表明李叔同曾遵照母亲遗嘱，为上海义务小学提供过资助。从内容看，前一首哀歌系李叔同所作，后一首可能出于他人手笔。8月2日，天津《大公报》又登载一篇《纪追悼会》，对追悼会的现场进行了报道。"到会者四百余人。奥工部官阿君、医官克君（李叔同家处当时奥租界，其兄李文熙还担任奥租界华人组织的董事）、高等工业学堂顾问官藤井君、松长君、卓信仁司马、学务处总办严范孙君、高等工业学堂监督赵幼梅君，又各学堂校长、教员等大半，皆与斯会，可云胜矣。"报道还说，"所收之挽联哀词凡二百余首，闻将付印，以广流传云"。用致悼词的方式替代孝子跪地读祭文；全家不穿白色孝袍，改穿黑色衣裳送葬；李叔同在灵堂弹钢琴伴奏，请一班儿童合唱前述之两首哀歌，替代家人亲戚的号啕长泣，等等——李叔同为母举办丧仪的形式十分新鲜，在亲朋中和社会上引起轰动，说是"李三爷办了一件奇事"。从参加追悼会的人员和报纸报道看，"桐达李家"和李叔同的地位与声望，确非一般。20世纪初，李叔同以革故鼎新、追求新潮闻名，即在丧仪这类事情上，他也是不愿意循规蹈矩、沿袭俚俗。而

《大公报》之追踪报道，也显示了这家报纸站在了时代的前沿。

李叔同后来对丰子恺说，母亲一死，他在人生路上"就是不断地悲哀与忧愁，一直到出家"。所以他从那时起，易名为李哀，字哀公。

母亲曾是李叔同最大的牵挂与安慰，她的离去，让他看不到前途在哪里。李叔同空怀文采，时局却是国家不振，民族灾难迭起。普通人听几段说书，听到岳飞于谦，或者读几首诗词，读到李杜苏辛，都难免热血沸腾；对深具传统文化内涵的李叔同来说，报国无门的压力只有更加沉重。这个时候对于他来说实在是艰难，没有人来告诉他他的下一步该迈向何方。

甲午丧师之辱让中国朝野人士受到了极大的刺激，而日本明治维新的成功使日本变得强大的事实，则证明了社会变革的行之有效。再加上这种变革是在加强君主制的前提下进行的，对比起让王室人头落地的法国大革命或者让王室分权的英国光荣革命，日本的维新路线对于关心自身权柄的清政府而言显然更易于接受。因此变法呼声日渐高涨。康有为、梁启超等人不失时机地向光绪帝进言，主张以日本为样板实施变法，对日本维新的进程多有介绍。日本对近代新文化的接纳逐渐引起海内知识人的关注，所谓"东学"由此渐兴。1896 年，13 名中国学生受清政府派遣，东渡日本留学，此后，留日学生规模迅速扩大。孙中山在《中国之革命》中写道，清政府"之昏弱，日益暴露，外患日益亟，士大夫忧时感愤，负笈于欧、美、日本者日众。"日本学者青柳笃恒描述其时盛况称："学子互相约集，一声'向右转'，齐步辞别国内学堂，买舟东去，不远千里，北自天津，南自上海，如潮涌来。……总之分秒必争，务求早日抵达东京，此乃热衷留学之实情也。"1905 年到 1906 年，李叔同决定东渡扶桑留学之际，正逢中国人的首次留日高潮。

与此同时，甲午之后，怀有不同目的的日本人也陆续来华，或从事商业经营，或创办报刊，成立学堂，与中国知识界建立起

了密切联系。李叔同留日之前，与在华日本人有过接触，并对日本文化有所了解。

在上海南洋公学就读期间，李叔同随蔡元培学习日文，并有译作出版。这一方面表明李叔同的日语能力已经达到了优秀的水平，另一方面也促使他对日本新文化有了进一步的了解。1905年李叔同在一篇关于语言文字问题的征文中，以近代日本语言走向统一为例证，来阐述推广中文标准语法和普通话的重要性。商务印书馆的另一次征文以学堂读经为主题，李叔同也写了文章投稿。

20世纪初在中、日政府和民间人士的鼓励下，清末留日演变成一场大规模的留学运动。这期间留日的学生鱼龙混杂。李叔同由于日文基础好，留日半年后直接考入东京美术学校攻读西洋艺术专业。与一般留学生多选择学习法政、教育等国内亟需的科目相比，他的选择显得很不一样，在清末留日学生里是非常少见的。此外，一般的留学生都是先入东京宏文书院补习日语、熟悉日本学制。宏文书院固然出过很多人中龙凤，如辛亥革命的弄潮儿黄兴、李叔同的好友教育家夏丏尊等，但是其学风堪忧，打架斗殴、寻花问柳之事如同家常便饭。学生对于功课特别是日语课程则是随堂敷衍，以至于学了两年日语还搞不明白日文是从左边读起还是从右边读起。

关于李叔同留学日本以及选择学习西洋艺术的动机，研究者曾指出，袁世凯在直隶兴办新政的过程中，与李叔同后来进入的东京美术学校，以及与李叔同有关联的东京音乐学校建立了特殊关系。1902年，袁世凯聘请东京音乐学校校长渡边龙圣任直隶师范学堂总教习。1903年直隶工艺总局开办后，聘请曾执教东京美术学校的盐田真和毕业于该校的松长长三郎来劝工陈列所就职。此后，直隶官员对东京美术学校有过不少访问，在李叔同留学前后更是达到高峰，访问者中还包括李叔同早年的老师赵元礼。与李叔同早有交往的严修，1902年第一次东游时曾在东京美术学校参观，并获赠介绍该校情况的《学校一览》。严修这次归国后，在上海与李叔同晤面，他带回的信息很可能对李叔同产生了影响。在李叔同赴日之前，严修的两个儿子智崇和智怡已到日本留学，智怡与当时在东京音乐学校留学的曾志忞过从甚密，同《醒狮》杂志主要撰稿人马君武也彼此往来。李叔同抵达日本不久就为《醒狮》撰文，应该就是通过严智怡与《醒狮》杂志建立的联系。正是天津及直隶新学界在日本的人际关系网络，促使李叔同做出留学日本、学习西洋艺术的选择。

李叔同抵达日本后并没有受到不堪学风的影响，在学业方面很快就进入了状态。在1905年12月《醒狮》第3号上，他发表了几篇文章，其中一篇《图画修得法》，署名惜霜。根据文中的说法，这篇文章作于李叔同东渡月余后。文章叙述了图画的起源和重要性，称图画是表达思想感情的重要手段，即使是最复杂的感情，也可以在图画中一览而知。李叔同把图画与语言相比较："语言者无形之图画，图画者无声之语言。"他认为图画关系于德育、智育、体育，其功效不可小视。文中把图画分为图和画两种，前者借器械而作，如建筑图、制作图、装饰图、地图、海图、测量图、解剖图等，非以器械所作则为画。在描写方法上，画又可区分为用器画和自在画，前者如几何图、投影图、阴影图、透视图等，后者又可分为西洋画和日本画两种。西洋画含铅笔画、擦笔画、钢笔画、水彩画、油绘等，日本画则有土佐派、狩野派、南宗派、岸派、圆山派、四条案派、浮世派、新派等多种派别。

李叔同，1905 年在日本东京

对于作为艺术的自在画，李叔同说：

> 吾人见一画，必生一种特别之感情。若者严肃，若者滑稽，若者激烈，若者和薄，若者高尚，若者潇洒，若者活泼，若者沈著，凡吾人感情所由发，即画之精神所由在。

在这篇文章中，除了对上述艺术理论进行介绍外，他还讲解了一些技术问题，诸如自在画的精神法、位置法、轮廓法等。

另一篇《水彩画法说略》，同样署名惜霜。根据李叔同文中的说法，他把西洋水彩画的技法作了大略的归纳，分别为"水彩画之材料"和"水彩画之临本"。第一章介绍绘具箱即颜料盒，包括主要水彩颜色的英文、法文名称，用法，调和效果，价格以及适用的笔、纸、画板等材料；第二章列举了几种英国水彩画帖的名称，大致是专供初学者使用的入门教程之类，包括山水、动物、花卉、树木等。李叔同特别说明，欧美新教法是从写生入手，唯我国人不熟悉写生，骤然从此入手，有堕五里雾中之感。不如先习临本，知道用色的大概方法后，再从事写生，较为便利。

以"息霜"笔名发表的《美术界杂俎》是一组介绍美术界动态的短文，其中《世界名优亨利阿文格氏》，是一篇报告阿文格去世消息的讣告，其中还简单介绍了阿文格的生平；另一篇《日本洋画大家山宅克己氏》，介绍日本山水画大家山宅氏的事迹，列出所见的山宅氏 7 种水彩画著述；有《日本洋画杂志一斑》，称西洋画在日本"近年始发达，进步甚迅"，列有日本西洋画刊物十种；《日本近日美术会汇记》，介绍日本美术界近期举办的艺术展览；还列出了东京音乐学校 10 月 28 日音乐会的节目单。

李叔同是当年秋天东渡日本的，通过他的这几篇文章，可以看出短短几个月的时间里，他已经对西洋美术有了相当水平的理解，对日本西洋画的发展情况也是如数家珍。这与他早年扎实的艺术功底和领悟能力是分不开的。但仅靠天赋当然不够，能做出这样的成绩，可以看出李叔同抵达日本后即迅速进入了如饥似渴的学习生活中。

这期间他曾经给在天津的徐耀廷寄过一张明信片，上面画了一幅日本沼津的山水画。在光的照耀下，画面上的海水呈一线白光，稻田为黄绿色，山、海、树林、田野异常动人，斑斓的色彩和随意自如的笔触，构成了一个多彩多姿的整体。在这张明信片上，李叔同写道：

> 沼津，日本东海道之名胜地，郊外多松柏，因名其地曰千本松原。有山耸于前，曰爱鹰。山岗中黄绿色为稻田之将熟者，田与山之间有白光一线，即海之一部分也。乙巳十一月用西洋水彩画法写生。奉月亭老大哥一笑。弟哀，时客日本。

88

这幅画作于 1905 年冬天，也是他入读东京美术学校之前。可以看出，李叔同在入学攻读西洋美术之前已多少受到西洋画风的影响。另外一件事情也证明了李叔同初抵日本后的勤奋。李叔同对西洋音乐很有兴趣，1904 年为《李苹香》一书作序时，就已经表达了音乐救世的理想。就在 1905 年上半年，他还为沪学会编写了《国学唱歌集》。到达日本后，李叔同在音乐方面也颇为留意，他编辑出版了中国近代第一份专门的音乐刊物《音乐小杂志》。关于这份刊物的缘起，李叔同在作于 1906 年正月初三的序中说：

> 乙巳十月，同人议创《美术杂志》，音乐隶焉。乃规模粗具，风潮突起。同人星散，瓦解势成。不佞留滞东京，索居寡侣，重食前说，负疚何如？爰以个人绵力，先刊《音乐小杂志》，饷我学界。

李叔同这里所说的"同人"，应该是他东渡后最初交往的一些

志同道合的留学生。从文中可知，李叔同等最初打算出版《美术杂志》，其中包括音乐方面的内容。文中所说的风潮，系指留日学界的反取缔规则运动。日本政府因为清政府的干预，颁布条令对中国留学生的排"满"革命活动和言论进行限制。留学生团体因此分裂，暴力事件频发，激愤的湖南籍留学生陈天华为此在大森湾蹈海自尽，大批留学生归国，杂志最终未能办成。因此，李叔同转而编辑出版了这份音乐刊物。在这篇序文中，李叔同还表示：

> 夫音乐，肇自古初，史家所闻，实祖印度，埃及传之，稍事制作；逮及希腊，乃有定名，道以著矣。自是而降，代有作者，流派灼彰，新理泉达，瑰伟卓绝，实轶前贤。迄于今兹，发达益烈。云水涌，一泻千里，欧美风靡，亚东景从。盖琢磨道德，促社会之健全；陶冶性情，感精神之粹美。效用之力，宁有极矣。

这段话既揭明《音乐小杂志》的宗旨，也表达了李叔同对音乐的社会功能的认识。在他看来，音乐是陶冶性情、促进道德的工具，对社会进步具有无限功用。20世纪初，在西方音乐文化输入的影响下，中国现代新音乐开始起步。与传统音乐相比，新音乐在理念、技巧、风格、题材等方面都借鉴西洋音乐，从一开始就与中国社会的变革潮流相结合，强调音乐的社会政治功能，这是新音乐起步阶段的一个基本特点。这种音乐观与艺术观，在李叔同这一代音乐人身上留下了深刻的印迹。李叔同在这一时期创办音乐杂志、投身艺术活

《音乐小杂志》书影

动，这种艺术观念是一个促进因素。

《音乐小杂志》计划每年春秋各出一期，然而事实上只有第一期面世。这份 64 开、30 页的杂志，除了七篇文章、三首乐歌和五阕词章外，还有一幅木炭画、两张木版画。其中有李叔同所画《乐圣比独芬像》，所谓"乐圣比独芬"，就是世界著名音乐家贝多芬。同时登载的，还有李叔同根据日本人石仓小三郎《西洋音乐史》中相关叙述改编而成的《乐圣比独芬传》。这个时期的李叔同可谓对贝多芬推崇备至。

《昨非录》一文，李叔同称是自己的"忏悔作"，意图通过自己的反省，指出国内音乐方面的一些缺点，希望同人加以注意和纠正。中国新音乐的发轫始于编唱学堂乐歌。作为新的音乐形式，早期乐歌多有不如意处。李叔同在文中提出了国内乐歌应注意的一些事项，如原曲的精神趣味、不宜使用简谱、当先练习音阶与音程等等。李叔同还将先前所编的《国学唱歌集》称为"第一疚心之事"，并表示已经致函友人，不再发售，且予以毁版。该期所载，是《昨非录》的第一部分。因为杂志仅出一期，后面的内容就不得而知了。

另外，该期所载的《呜呼！词章！》一文，呼吁音乐歌唱应注重继承我国固有的词章古诗之意，否则东施效颦，只能贻笑大方。

《音乐小杂志》的封底是以编辑部名义发出的两则启事，一为《文坛公鉴》，内称：

> 本社创办伊始，资本微弱，撰述乏人。故第一期材料简单，趣味缺乏。至为负疚。自第二期起，当竭力扩充，并广征文艺，匡我不逮。凡论说、杂著与新撰唱歌、诗词、谣曲等，倘蒙赐教，至为欣幸！（惟已登入报章或刊入书籍者毋再寄来。）他日登出后，当以李叔同氏水彩画、油画或美术、音乐书籍等奉酬。

另一则《征求沈叔逵氏肖像》称：

> 沈氏为吾国乐界开幕第一人，久为海内所钦仰。今拟将
> 沈氏肖像登入本杂志。如诸君有收藏此肖像者，请付邮寄下。
> 他日登出者，赠水彩画一张，第二期杂志一册，日本唱歌一
> 册。其他未登出者，亦各赠第二期杂志一册，日本唱歌一册。
> 其肖像无论用否，他日必一律寄还。

沈叔逵 1870 年生，籍贯上海，名庆鸿，字叔逵，别字心工。
1902 年赴日后他在东京发起音乐讲习所，此为我国最早的新音乐
传习机构。1903 年回国后，他在南洋公学附属小学任教，编有
《学校唱歌集》等，是国内教授、传播学堂乐歌的第一人，他编创
的《男儿第一志气高》等乐歌在当时十分流行。沈氏曾经执教之
处，也是李叔同执教或就读之所。征集肖像之举，说明李叔同对
这位同时代新音乐先驱也是非常推重，并且已经在自己创作的音
乐史中为他留下了一席之地。

从两则启事的内容看，李叔同当时是抱着强烈的愿望让这份
杂志继续出版的。他有着细致的计划，想要扩大杂志的发行规模，
提高文章和其他内容的质量。可惜的是，由于时局的转变、李叔
同本人的精力有限等种种原因，他的这一愿望最终没有实现。

1906 年 10 月，
李叔同考入东京美
术学校西画科，师
从黑田清辉、中村
胜治郎、长源孝太
郎等人，学习油画
和水彩。该校成立
于 1887 年，1889 年
正式开学，校址位

东京美术学校

于东京上野公园附近，现今成为东京艺术大学，一直是日本最好的美术教育机构。成立之初，开设的课程主要讲授日本画和木雕，1896年学校的西画科开始招生，负责人就是黑田清辉。黑田清辉学成于法国，在印象派主导的巴黎深受熏陶，并把这种画风带回了日本。他一手创立的美术学校西画科也正是被他的艺术观念和绘画风格所深深感染，生成了独特的印象派风格。李叔同留日期间，正是黑田清辉在日本画坛的影响力如日中天之时。李叔同就学期间十分用功，对他的画，黑田清辉很是赞赏。1910年，李叔同还获得该校"精勤证书"奖。姜丹书后来说："上人于西画，为印象派之作风，近看一塌糊涂，远看栩栩欲活，非有大天才真功力者不能也。"可见李叔同颇得黑田清辉的画风真髓。当时李叔同的同学中，有一位曾孝谷与他投合，后来曾与他同台演出话剧。

　　李叔同之所以将西洋美术作为专业，既与他个人的艺术爱好有关，也由他深切的社会关怀所系。1911年7月，他在上海城东女学堂校刊《女学生》上，发表《释美术》一文，文中说：

　　美，好也，善也。宇宙万物，除丑恶污秽者外，无论天工、人工，皆可谓之美术。日月霞云，山川花木，此天工之美术也；宫室衣服，舟车器什，此人工之美术也。……

　　人类文明之所以能够日进，则美术思想有以致之。……

　　古人既制美术之物，遗我后人，后人摹造之，各竭其心思智力，补其遗憾，日以精进，互以美术相争竞。美者胜，恶者败，胜败起伏，而文明以是进步。故曰，美术者，文明之代表也。观英、法、德诸国，其政治、军备、学术、美术，皆以同一之程度，师进于最高之位置。

　　他对美术的这种广义解读，表明他追求美术的背后，是对社会文明进步的关注。也就是说，他之所以选择西洋美术作为专业，并不全然出于世家子弟的个人偏好。在他看来，美术之类的艺术

形式对社会具有显而易见的意义，体现人类对美、善的追求，促进了文明的进步。据他本人说，西洋画的构图法也深刻地影响了他此后的书法作品，他在这种基础上创作出来的作品令他可以在书法史上占有一席之地。

李叔同在日本的这一时期，对西洋美术做过充分研究，深刻地体会到西洋美术与传统绘画立意、技法与精神的区别之后，他做出了精到的总结。1918 年，出家后的弘一法师，在虎跑寺对后来成为国画家的沈本千的一番话可以显示这一点。

> 中国画注重写神，西画重在写形。由于文化传统的不同，写作材料的不同，技法、作风、思想意识上种种不同，形式内容也作出两样的表现。中画常在表现形象中，重主观的心理描写，即所谓"写意"，西画则从写实的基础上，求取形象的客观准确。中画描写以线条为主，西画描写以团块为主，这是大致的区别。在初习绘画，不论中西，都要经过写形的基本练习。你向来学国画，现在又经过了练习西画的写生，一定感觉到西画的写生方法，要比中国画写形基本方法更精密而科学的。中画的"丈山尺树，寸马豆人"，不若西画的远近透视、毫厘可计；中画的"石分三面，墨分五彩"，不若西画的阴影、光线、色调各有科学根据。中画虽不拘于形似，但必须从形似到不拘形似方好；从形似到形神一致，更到出神入化。中画讲笔墨，做到"使笔不可反为笔使，用墨不可反为墨用"，从而"寄兴寓情，当求诸笔墨之外"。宇宙事物既广博，时代又不断前进。将来新事物，更会层出不穷。观察事物与社会现象作描写技术的进修，还须与时俱进，多吸收新养料，多学些新技法，有机会不可放过。

在《音乐小杂志》刊登启事征集稿件和沈心工肖像时，李叔同表示将以自己的画作为酬，可见当时李叔同应有大量画作问世。

后来在杭州出家时，他把自己的画作大都赠给了北京国立美术学校。

留日期间的 1910 年，李叔同在上海城东女学堂校刊《女学生》"艺术谈"栏目中，发表过一系列介绍美术的文章，多数为短文，如《科学与艺术之关系》《美术、工艺之界说》《关于图画之研究》《图画之种类》《中西画法之比较》《普通图画教育》《西洋画法草稿》《西洋画法讲义》等等；还介绍了油画、木炭画、火烙画等各种图画类型，图画画法，手工图画制作方法等。因为是面对初学者进行讲解，这些文章内容大多浅近简洁。

李叔同的绘画作品流传下来的较少，以往所知只是油画《半裸女像》、木炭画《素描女像》以及可能作于晚年的一幅《白描佛像》等，另外日本也收藏有几幅他留学期间的作品，包括曾经入选由黑田清辉主持的白马会画展的《停琴》（1909 年）以及《朝》《静物》《昼》（1910 年），还有一幅《自画像》，有研究者估计总计不超过 20 幅。

稍后于李叔同的中国画家吕凤子称："严格地说起来，中国传统绘画改良运动的首倡者，应推李叔同为第一人。根据现有的许多资料看，李先生应是民国以来第一位正式把西洋绘画思想引介于我国，进而启发了我国传统绘画需要改良的思潮，而后的刘海粟、徐悲鸿等在实质上都是接受了李先生的影响，进而成中国传统绘画改良运动的推动者。"作为那个时代少有的专攻西洋美术的留学生，李叔同的印记不会被磨灭。

歌剧第一声

李叔同开始接触西洋话剧是在上海期间。晚清以来，上海是西洋艺术登陆中国的桥头堡，一些教会学校和西方侨民曾经在这里举办过戏剧活动。南洋公学退学后，李叔同曾在上海教会学校圣约翰书院教授中文，圣约翰书院是上海早期举办西洋话剧演出的教会学校之一。在后来参与沪学会的活动中，李叔同则是新剧

部的主持人。在上海较为繁盛的环境中得睹西洋戏剧的演出，这确实开阔了李叔同的眼界。到了东京后，他更进一步地接触了这种文艺形式。

李叔同对文艺的理解无疑是带有对社会的关注和热情的，这是他从事文艺事业的前提。这里的文艺当然包括歌剧，而当时的歌剧是和人的解放相关联的。人们聚集在一起观剧，得以在公共空间中重新审视社会和自我，启蒙主义的概念和思想由此得以更广泛地传播。李叔同留日这一段时期接触到的所谓西洋戏剧，并不是简单地与传统剧目相对应的某种表演艺术的概念，而是从剧本创作到演员演出，整体上代表了人文主义苏醒、人类解放与社会前进方向。

对于西洋戏剧，李叔同是做过认真研究的。丰子恺说，李叔同在南洋公学时，英文学得很好，到日本以后，买了大量文艺书研读。出家之前，李叔同曾将一套残缺的原本《莎士比亚全集》送给他，并说："这书我从前细读过，有许多笔记在上面，虽然不全，也是纪念物。"可见李叔同对莎士比亚的戏剧，下过很大的功夫。

1907 年 5 月 10 日，天津《大公报》刊出了一份未署名的《春柳社文艺研究会简章》，内容如下：

> 本社以研究文艺为目的，凡词章、书画、音乐、剧曲皆属焉。
>
> 本社每岁春秋开大会二次，或展览书画，或演奏乐剧。又定期刊行杂志，随时刊行小说脚本、绘叶书之类（办法另有专章）。
>
> 凡同志愿入社研究文艺者为会员（应任之事务及按月应交之会费，另有专章）。
>
> 其有赞成本社宗旨者，公推为名誉赞成员（无会费）。
>
> 无论社员与名誉赞成员，凡本社所出之印刷物，皆于发

行时呈赠一份，不取价资。

同日，《大公报》还刊出了《春柳社演艺部专章》，这份专章首先称：

> 报章朝刊一言，夕成舆论。左右社会，为效迅矣。然与目不识丁者接，而用以穷，济其穷者，有演说，有图画，有幻灯。第演说之事迹，有声无形；图画之事迹，有形无声；兼兹二者，声应形成，社会靡然而向风，其惟演戏欤！

文中接着说，欧美日本文明国家，优伶向学，知识博通，日本新派优伶大半皆为学者，自然受到国家的重视和礼遇。中国戏剧改良已经倡导有年，但却未见成效，故而创设该演艺部，以研究学理，练习技能，作晓鸡之鸣，唤醒艺界。从这里可以看出，李叔同对于人文主义戏剧的认识堪称深刻。

根据《春柳社演艺部专章》的规定，春柳社创办之始，尚未完备，演艺部先行设立，目的是改良戏曲，转移风气。社中无论新戏旧剧，皆须宗旨正大，以开通知识、鼓舞精神为主。除了为助赈、助学及本社纪念、恳亲、送别等特殊场合演出外，社员不许在寻常冠婚庆贺时滥演。社员分正社员、协助社员、名义赞成员三种，各有资格规定，另设客员。社中应办之事，分为两类：一是演艺，每年春秋开大会两次；二是出版，春秋刊行杂志二册等。社员、客员、赞成员对本社有特殊贡献的，可以公认为优待员。正社员每月须交社费2元以下、30钱以上。专章最后一条是：

> 春柳社事务所暂设于东京下谷区池之端七轩町廿八番地钟声馆。若有寄信件者，请直达钟声馆，由本社编辑员李岸收受不误。

这两份章程是由李叔同寄给《大公报》发表的。春柳社事务所的位置在现在的上野公园内，比邻李叔同就学的东京美术学校，所处区位正是明治以来日本的艺术中心。春柳社的起点不可谓不高，而从这里也能看出李叔同在春柳社的核心地位。早年在天津期间，李叔同就表现出对戏剧的喜好，这与当地浓厚的戏剧文化氛围有关。迁居上海后，李叔同有过登台演出、编写剧本之类的活动。

春柳社的出现，受到当时日本新派剧的直接影响。所谓的新派剧即话剧，是相对于日本旧有的歌舞伎而言的。日本历史上，本来只有歌舞伎，19世纪末西洋话剧输入，演出以爱国为题材的作品，被称为新派剧，又叫"壮士剧"。这种从欧美移植而来的新戏剧形式，舞台布景逼真，形式写实简明，以言语动作表演为主，内容生动，易为观众理解和接受。且因其为欧美之文明戏剧，故成为颇受欢迎的新派戏剧。春柳社专章中将戏剧分为新派、旧派，并有简明的解释。所谓新派演艺，就是"以言语动作感人为主，即今欧美流行者"。所谓旧派，"如吾国之昆曲、二黄、秦腔、杂调皆是"。春柳社以新派为主，旧派为附属科，并表示：旧派脚本故有的词调，可择其佳者使用，但场面、布景必须改良。与讲究唱、念、坐、打的中国传统戏曲形式相比，新派剧截然不同。尽管李叔同在国内已经接触过新剧，但当时上海的新剧表演与传统戏曲还有很大的相似性。日本的新剧则基本上照搬了西洋话剧模式，这引发了李叔同的学习兴趣。从另一个角度看，留学生之所以介入戏剧活动，也与这一时期知识界眼中戏曲地位的变化有关。在旧时代，上层社会人士虽然也对戏曲表现出浓厚的兴趣，但戏曲活动及优伶仍被归入下九流的职业范畴。直到清末新文艺观念兴起后，对戏曲的价值评估才发生了显著的变化，戏曲从一种下里巴人的娱乐，变成了高雅且具有道德意义的贵族化的艺术，从而引发了上层社会人士对戏剧活动的热情。当时日本新派剧的情形就是如此，不仅吸引了文艺界人士的普遍参与——包括西画家们，也为日本大学生所热衷。李叔同等人投身其中，并非偶然之举。根据日本学者的研究成果，李叔同的名字出现在明治四十一年（1908）日本文艺协会会员名单里。成立于1906年的该协会所致力的目标，是要对文学、美术、演剧等进行全方位的革新，铸造更加生动的剧目人物，深刻地影响和改变社会。春柳社邀请了任教于东京美术学校的教授担当名誉支持人，并请东京美术学校与音乐学校的学生，以及黑田清辉主持下的美术团体白马会的成员作为协助成员，可见春柳社戏剧活动与日本文艺界的关联很深。

在东京美术学校，与李叔同一样对戏曲抱有热情的，还有前文介绍过的曾孝谷，他来自四川。曾孝谷出生于1873年，名延年，号存吴，1906年考取官费留日，与李叔同一起进入东京美术学校西洋美术科。课余闲暇，二人经常涉足日本剧场观剧。他们向日本戏剧家藤泽浅二郎、川上音二郎夫妇请教学习。经过一段时间的熏陶，1906年冬天，由李叔同和曾孝谷发起，一些热爱戏剧艺术的留学生们集结在一起，成立了中国历史上第一个话剧团体——春柳社。当李叔同向《大公报》投稿春柳社简章时，已经是春柳社活动的活跃时期了。

春柳社的成立，是中国人编演话剧的最初实验。其首次演出是在1907年初，演出目的是为国内赈灾筹款。1906年，南方多省连遭暴雨，长江、淮河流域泛滥成灾，不少地区尽成泽国，灾民流离失所，急需救济。次年初，日本报刊对水灾进行了报道。春柳社的成员了解到这一消息后，在清廷留学生会馆举行会议，有了举办赈灾游艺会，募集善款救济难民的想法。二十多天后的2月11日，由戏剧家藤泽浅二郎指导，在新落成的中华基督教青年会礼堂，演出了《茶花女》。这是春柳社的第一次演出，也是李叔同的第一次话剧实验。

《茶花女》是法国著名作家小仲马的作品，以19世纪巴黎一位妓女为原型写成，出版后轰动一时，小仲马因此又将其改编为

话剧。其故事情节大致是：贫苦的乡下姑娘玛格丽特到巴黎卖笑，红极一时，因随身总有一束茶花装扮，故被称为茶花女。茶花女与富家子弟阿芒产生了真挚的爱情，

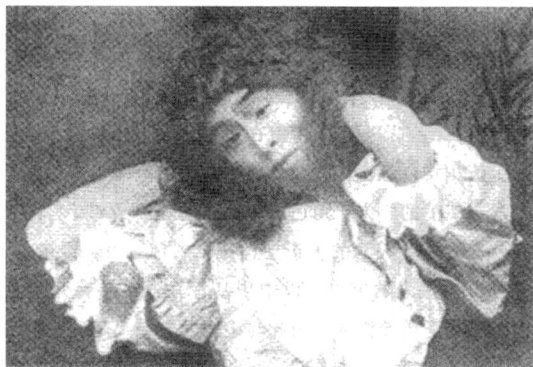

李叔同《茶花女》剧照

但不为上层社会所接受，在阿芒父亲的逼迫下，玛格丽特不得不悄悄离开。阿芒误以为茶花女背叛了他，及至得知真相，回到玛格丽特身边时，恋人已经一病不起。阿芒能做的，只有在她的墓前摆满茶花。

茶花女的故事为国人所知，是在1899年。当时，著名文人林纾，也就是那位大名鼎鼎的不懂外文的翻译家林琴南，在曾经留学法国的王寿昌的帮助下，将小仲马的这部名著译为中文，以《巴黎茶花女遗事》为名出版。茶花女故事一波三折充满戏剧性，林纾的文笔传神生动兼备信达雅，于是一时间洛阳纸贵，茶花女的悲惨身世引起读者广泛的同情。林纾也因此一发不可收拾，通过与他人"口授笔追"的合作，将百余部西方文学作品翻译成中文，都大行于世。在这样的背景下，春柳社的演出引起了留学生强烈的关注，不少人专程赶来观看。有人说另一位著名人物秋瑾当时也在台下，散场后，她还和天津学生潘英到后台参观。

这次演出的剧本由曾孝谷翻译，李叔同（息霜）反串饰主角茶花女默凤（玛格丽特），唐肯饰亚猛（阿芒），曾孝谷饰亚猛的父亲，孙宗文饰配唐（玛格丽特女友普鲁唐司）。舞台上的李叔同戴了长卷发的假头套，身着银白色的上衣，乳白色百褶裙，一条裙带束在腰身，两手托头稍向右倾，眉峰紧蹙，眼波斜睇，将茶花女自怨自艾、红颜薄命的神情演绎得很是逼真。据称，李叔同

99

《茶花女》剧照，左为饰演茶花女的李叔同

本来是留有胡子的，为了角色的需要，他剃掉了胡子。演出结束后，后来成为民国外交界重要人物的王正廷，特意到台上说明了这件事。王正廷1904年应邀赴日，在留学生中筹设中华基督教青年协会分会，春柳社借该会礼堂演出，王正廷负责剧务。多年以后，李叔同将自己两张扮演茶花女的剧照送给他在浙江第一师范学校的学生李鸿梁。李鸿梁说："当时我几乎笑了出来，这样庄严的李先生，竟会装成那袅娜的西洋女子，其腰之细，真叫人吃惊，就是西洋女子，恐怕也要减食饿肚子以后才能束成这样的细腰呢。"

比李叔同小9岁的湖南留学生欧阳予倩，1904年到日本留学，本来学习商科，因为对艺术有兴趣，又到早稻田大学旁听文艺课程。他后来成了著名的表演艺术家，1949年主持筹建了中国第一所正规的戏剧学院——中央戏剧学院。按照李叔同的介绍，当时早稻田大学戏剧活动十分活跃。在观摩了春柳社的这次演出后，他很受震动，不久即参加了春柳社。关于这次演出和后来的活动，欧阳予倩回忆说：

　　有一天听说青年会开什么赈灾游艺会，我和几个同学去玩，末了一个节目是《茶花女》，共两幕。那演亚猛的是学政治的唐肯君，演亚猛父亲的是美术学校西洋画科的曾延年君（曾君名孝谷，号存吴）；饰配唐的姓孙，北平人，是个很漂亮而英文说得很流利的小伙子。至于那饰茶花女的，是早年在西湖师范学校教授美术和音乐的先生，以后在C寺出家的

弘一大师。大师天津人，姓李名岸，又名哀，号叔同，小字息霜，他和曾君是好朋友，又是同学。……

　　这一回的表演可说是中国人演话剧最初的一次，我当时所受的刺激最深。我在北平时本曾读过《茶花女》的译本，这戏虽然只演亚猛的父去访马克和马克临终的两幕，内容曲折，我非常的明白。当时我很惊奇，戏剧原来有这样一个办法！……于是我很想接近那班演戏的人，我向人打听，才知道他们有个社，名叫春柳。……我有一个四川同学和曾孝谷最接近，我便因他得识曾君，只见一次面，我就入了春柳社。

　　另外，戏剧表演艺术家徐半梅晚年回忆说，当时他恰巧送未婚妻去日本留学，所以"第二次东渡，适逢其会，看到了这一出我国话剧界可以纪念的戏剧"。演出"不仅使东京留学界感到兴趣，连日本的优伶们，也有人来参观"。他也提到，李叔同为了演出，剃去了"美术式小胡子"，自己制了好几身漂亮的西装。

　　约两千名观众观看了这场演出，既有中国留学生，也有欧美及日本人士。日本艺术界对这场演出也很注意。茶花在日语里写作"椿"，这一出剧目在日本译为"椿姬"。多年以后，艺术家松居松翁在回忆中说：

　　　　中国的俳优，使我最佩服的便是李叔同君。当他在日本时，虽仅仅是一位留学生，但他所组织的春柳社剧团，在东京上演《椿姬》（《茶花女》）一剧，实在非常之好。不，与其说这个剧团好，宁可说就是这位饰椿姬的李君演得非常好。……尤其是李君的优美婉丽，决非日本的俳优所能比拟。我当时看过以后，顿时又想到孟玛德小剧场所见裘菲列表演的椿姬，不觉感到十分兴奋，竟跑到后台和李君握手为礼了。李叔同君的确是在中国放了新剧的烽火……倘使自《椿姬》以来，李君仍在努力这种艺术，那末岂让梅兰芳、尚小云辈

不知何日东瀛变

驰名于中国的剧界。……

当时剧团也收到了一些批评的声音，比如说李叔同扮相不好、声音不美、表情动作生硬等，不过这并没有影响李叔同当时的兴致。作为最初的实验，春柳社的演出当然不能说是完美的，它的意义在于在中国话剧史上成为标志性事件。

春柳社第二次演出的新剧，是五幕剧《黑奴吁天录》。《黑奴吁天录》（即《汤姆叔叔的小屋》），是19世纪美国作家斯托夫人著名的小说作品，描写了美国南部黑奴的悲惨生活，抨击奴隶制度，在南北战争时期的美国社会产生了广泛影响。中译版《黑奴吁天录》也是由林纾翻译介绍到中国，在当时的社会背景下，黑人的悲惨遭遇令人警醒。春柳社演出这出戏，显然经过精心考虑和选择。这次演出开创了中国人自编自演话剧的历史。剧本由曾孝谷依据小说改编，分五幕。时间是1907年7月10日、11日。地点是东京有名的本乡座剧场，这里也是当时日本新派剧活动的中心场所。之前，春柳社演出海报称：

演艺之事关系于文明至巨，故本社创办伊始，特设专部研究新旧戏曲，冀为吾国艺界改良之先导。春间曾于青年会扮演助善，颇辱同人喝彩。嗣复承海内外士夫交相赞助，本社值此事机，不敢放弃。兹定于六月初一日、初二日借本乡座举行丁未演艺大会。准于每日午后一时始，开演《黑奴吁天录》五幕。……大雅君子，幸垂教焉。

这次演出同样呈现盛况，有着三千多座位的剧场爆满，很多观众全程站着看完演出。五幕分别是"解尔培之邸宅""工厂纪念会""生离与死别""汤姆门前之月色""雪崖之抗争"。台上演员沉浸于角色的喜怒哀乐中，台下观众则被凄凉的剧情深深感染。李叔同反串的爱米柳夫人身着粉红色的西装，身形窈窕，举手投足活脱西洋贵妇模样。在第四幕"汤姆门前之月色"中，他又逼真地扮演了一个醉汉的角色。关于这次演出，欧阳予倩说：

《黑奴吁天录》海报

不知何日东瀛变

春柳第二次又要公演了。

第一次的试演颇引起许多人的兴趣，社员也一天一天的多起来——日本学生，印度学生，好几个加入的。其余还有些，现在都不记得了。中坚分子当然首推曾李，重要的演员有李文权，庄云石，黄二难诸君……这一次演的《黑奴吁天录》……《黑奴吁天录》当然含着很深的民族的意义。戏本是曾孝谷编的，共分五幕呢？不记得还是七幕，——好像是七幕。其中舞会一幕，客人最多，日本那样宽阔的舞台都坐满了：日本人也有，印度人也有，朝鲜人也有，各国的装束都照原样装扮起来，真是热闹……这是新派戏的第二次表演，我头一次登台。欢喜、高兴自不用说，有时是化好了妆穿好了衣服，上过一场下来，屋子里开着饭来，我们几个舞伴挨着紧紧地一同吃饭，大家相视而笑的那种情景，实在是毕生不能忘的！

曾孝谷的黑奴妻分别一场，评判最好。息霜除爱米柳夫人之外，另饰一个男角，都说不错。可是他专喜欢演女角，他为爱米柳夫人作了百余元的女西装。那时我们的朋友里头惟有他最阔，他家里头是做盐生意的，他名下有三十万元以上的财产。以后天津盐商大失败的那一次，他哥哥完全破产，他的一份也完了。可是他的确是个爱好艺术的人，对于这些

103

事，不甚在意，他破了产也从来没有和朋友们谈及过。

老实说，那时候对于艺术有见解的，只有息霜。他于中国词章很有根底，会画，会弹钢琴，字也写得好。他非常用功，除了他约定的时间以外，决不会客，在外面和朋友交际的事，从来没有。黑田清辉是他的先生，也很称赞他的画。他对于戏剧很热心，但对于文学却没有什么研究。他往往在画里找材料，很注重动作的姿式。他有好些头套和衣服，一个人在房里打扮起来照镜子，自己当模特儿供自己研究，得了结果，就根据着这结果设法到台上去演。

春柳社成员并非专业演员，是以"票友"身份投身话剧演出，能够取得这样的效果，已经是很大的成功。在这以后，春柳社还演出过《热泪》《生相怜》《画家与其妹》《不如归》等剧目。《热泪》原名《杜司克》，由法国作家萨都创作，日本人译为《热血》，留学生译为《热泪》，中心思想是宣传自由民主，反对专制。

春柳社将原来有五幕的该剧缩编为四幕。正式公演的时候，当时有着很高名望的革命领袖黄兴亲自赶来捧场，其影响不可谓不大。

《黑奴吁天录》和《热泪》这样的剧目，思想意向非常鲜明。但春柳社的活动也因此引起了清廷的注意，受到了一些阻挠。清廷驻日使馆对此就表现出极大不满，以取消留学官费相威胁，试图迫使春柳社停止活动。在面对外部压力的同时，春柳社还遇到一些内部的麻烦。这一期间他们公演《生相怜》，观众的反响不佳，没有达到预期。欧阳予倩说，李叔同"参考西洋古画，制了一个连蜷而长的头套，一套白缎子衣裙。他扮女儿，曾孝谷扮父亲，还有个会拉梵娥铃的广东同学扮情人。谁知台下看不懂——息霜本来瘦，就有人评量他的扮相，说了些应肥、应什么的话，他便很不高兴……他自那回没有得到好评，而社中又有些人与他意见不能一致，他演戏的兴致便渐渐地淡下去……便专门弹琴画画，懒得登台了"。

李叔同最终丧失了演剧的热情，淡出了他曾经挥洒过青春的剧场。不过，这段组织春柳社、表演新剧、进行新型艺术实验的经历对李叔同本人来说，是他一生在戏剧活动中令人瞩目的一幕。尽管做演员只能算是他人生中的一场客串，但是在中国话剧的开创时代，李叔同却担当了关键的任务。

以文会诸友

留日期间的李叔同在勤学之余也颇参加了一些交游活动，这是他的文士本性。其中，与日本汉诗人的唱和，是他留学生活中值得关注的一个侧面。

初次公演大放异彩、春柳社收获成功的时候，李叔同接受了《国民新闻》记者的采访。通过这段采访的实态，我们可以窥见李叔同在当时社交场上展现出的气派。

李叔同接到记者的名片后，问对方："是淮南诗人的新闻社吗？"记者回答："是的，小刊也常常登载淮南先生的诗，请问您认识他吗？""是的，淮南、石埭、鸣鹤、种竹诸诗人都是我的朋友，我最喜欢诗，一定投稿，请赐批评。"李叔同在这次采访中将这几位日本诗人称为朋友，以他的为人来看，他与这几位诗人的关系当不是泛泛之交。李叔同赴日后，很快与日本有名的汉诗人森槐南、大久保湘南、永阪石埭、日下部鸣鹤、本田幸之助（种竹）等建立了联系，并参加了他们建立的文士团体"随鸥吟社"。

日本人运用中国格律诗形式创作汉诗有很长的历史，曾经出现过很多有名的汉诗人，文人中能够写一笔优美汉诗的固然不在少数，就是醉心于征伐、往来沙场的起起武夫都有着很深的汉诗修养。明治时代，日本虽一意学习西洋文化，但是汉字、汉诗和中国古典著作的地位仍然极高，由这一时期的日本人从古典中搜罗出来的汉字词语被赋予了全新的含义，深刻地影响了整个汉字文化圈，现代中文当然也不例外。晚清赴日的官员与文人，与日本汉诗人常有聚会酬唱的活动，在宴请、赏樱，及专门的诗会活动中留下了不少唱和之作。李叔同所结识的森槐南是日本明治时代著名的汉学家和诗人，出生于 1863 年，其父森春涛也是汉诗人，父子二人很早就参与中日文坛间的此类唱和，与中国文士有密切交往。其余各人也都是日本明治时代汉诗坛上的活跃人物，引领着日本文坛的风向。

　　1902 年严修东游时，吴汝纶也在日本考察学制，两人会晤多次并与森槐南、本田幸之助等结下了笔墨之缘。李叔同与随鸥吟社的来往，很可能得益于严修、吴汝纶与随鸥吟社诸人的关系。随鸥吟社每月活动一次，并出版《随鸥集》。在这部杂志中，李叔同用李息霜、李哀等笔名刊登了不少诗作，主编大伊久保湘南往往会在其诗后加几句评论，对他的作品很是推重。在 1906 年 7 月 1 日的一次聚会中，李叔同写下了两首七绝。

　　其一曰：

　　　　苍茫独立欲无言，
　　　　落日昏昏虎豹蹲。
　　　　剩却穷途两行泪，
　　　　且来瀛海吊诗魂。

　　其二曰：

　　　　故国荒凉剧可哀，
　　　　千年旧学半尘埃。
　　　　沉沉风雨鸡鸣夜，
　　　　可有男儿奋袂来。

　　从一个角度看，李叔同与日本诗人的这些交往，说明在当时的留学生中，他的生活状态确实有不同之处。日本是中国革命志

士们活动的基地，孙文等革命党领袖出入于此，与华侨界、日本政商和言论界都过从甚密。留学生受到亚洲革命氛围的影响，"反清革命"的思想也非常盛行。与那些行为激进地参与反清斗争的留学生相比，李叔同似乎没有热心地投身政治、积极参与革命的言论或者表现。这种状况与他早些年参与学生运动、声援戊戌变法的经历有所反差。然而，从他的这两首诗作看来，李叔同的内心对于国家还是抱有热切的关怀。目睹国土凋敝、文化沦落的现状，他难以掩饰自己的悲切之情。身在异国的酬唱并没有使他忘却故国的境遇，忧国忧民的情怀仍然时时掀起他情感上的波澜。身在清末，这个传统迅速衰亡的时代，对李叔同这样钟情于传统的文士而言，在异国找到志同道合的知音或许能够让他收获些许精神上的安慰。除了随鸥吟社外，李叔同与曾孝谷、陈师曾还参加日本书界的"淡白会"。该会每月聚会一次，"开会时，陈设会员作品，当筵挥毫，出品交换"。该会规模不大，仅十余人，"人品皆风雅娴静，其作品极潇洒清疏，洵不愧淡白之名矣"。李叔同等人与会时，"日人当年乞书画者尤多"。淡白会给李叔同留下了深刻的印象。1912年他在上海组织"文美会"，就模仿了淡白会的活动方式。

考虑到李叔同与日本戏剧界、汉诗界、书画界交往的情形，可以推测，李叔同在日本的生活与社交范围并不小。由此来看，李叔同并非不擅交际之人，徐半梅关于李叔同脾气太怪、"在社会上是此路不通的，所以只好去做和尚"的说法，似乎还缺乏对李叔同真正的了解。不过，李叔同的性格，给同一时期的留学生确实也留下了孤僻的印象，欧阳予倩就是其中的一个。欧阳予倩说，自从李叔同演过茶花女后，许多人认为他是个"风流蕴藉有趣"的人，实际上他的脾气"异常的孤僻"。有一次，李叔同约欧阳予倩早晨八点钟见面。欧阳予倩住在东京西北部的牛込附近，而李叔同住在上野，位于东京东部，两处相隔很远。欧阳予倩很早就赶往李宅，无奈赶电车耽误了些时间，及至到了那里，名片递进去，不多时，李叔同便开了楼窗，对欧阳予倩说："我和你约的八点钟，可是你已经过了五分钟，我现在没有工夫了，我们改天再约吧。"说完他便一点头，关上窗门离去了。欧阳予倩知道他的脾气，只好回头就走。

徐半梅也讲过类似的故事，不过，遭遇闭门羹的主角从欧阳予倩换成了吴我尊。说是李叔同约吴我尊在下午二时到他家去，然而两点五分到达的吴我尊遭到了前述同样的一番说教，只好快快而回。另外，韩亮侯对李叔同在浙江第一师范学校的弟子李鸿梁也说过同样的故事，只是没有提到这位被拒绝的倒霉客人是谁。这桩逸事名噪一时、广为传播，被多人叙述过，其梗概又大体一致，这样看来应当具有相当可信度。李叔同的名声也因此在留学生中不胫而走，这个故事正是在留学生们的口耳相传中演化出了不少版本。

李叔同的此类举动，在常人看来似乎确实不近情理，但知晓他行事为人风格的人，大多对此持释然的态度。欧阳予倩尽管遭遇了闭门羹，但他觉得李叔同律己很严，责人也严，两人"交得来"。从李叔同的一生看，严于律己是他人格修养的重要特点，尽管后来李叔同称这一时期自己的生活放浪形骸，但事实上，克己仍然可以看作他生活中的一个基本态度。此外，这种行为本身还可能与他在日本感受到的现代工业文明有关。有历史学家认为，工业革命在西欧诞生，就和这种时间观念密不可分。在那里，人们围绕着教堂居住，高耸的钟塔精确地提醒着人们工作和礼拜的时刻。恩格斯说过，曾经连贯完整的时间在被以时分的刻度割裂后，人作为一个存在彻底发生了改变——人们不再感慨于季节的轮替或者气候的变换，而是按照时分精密地安排起了每一天的二十四个小时——于是劳动的样相发生了彻底的转变，以劳动为特征的"人"也便如此。此外，有钟楼的地方需要钟表匠才能维持钟楼运行，依托这些经验丰富的手艺人和行会制度，社会积累了制造机器所需的技术和人才。日本明治时代，工业化的齿轮已经

在带着日本高速旋转，李叔同是否感悟到了这一点，并且想把这种精密守时的近代化观念介绍给他的留学生朋友们呢？

李叔同在东京的这些日子，从围绕着他的记述来看，也可以构成一幅探索文艺救国之路的图景。而提到文艺救国，在这个时期很容易让人想起另外一位成为中日两国友好的象征，并且在两国文化史上都光芒四射的大人物——鲁迅。那么鲁迅和李叔同这两位人物在当时会擦出怎样的火花呢？

从文化史方面，李叔同皈依佛门后的道友亦幻法师，在《弘一大师在白湖》一文中，曾经试图从一个特定的角度——文字欣赏方面去对比鲁迅与李叔同的"转变"问题。他说：

> 弘一法师好欣赏每本著作的文字。据我的观察，他的兴趣是沉溺在建安正始之际。对于诗亦一样。不过他不喜欢尖艳，他好陶潜和王摩诘一派的冲淡朴野。他有一册商务国学丛书本的右丞诗，曾用许多圈点，并且装上一个很古雅的线装书面，给人猜不出是什么书，而且常和那本长带身边的古人格言在一起。我想鲁迅翁亦很好六朝文学，如他抄编的那本《古小说钩沉》，弘师见到必很高兴。这是一本鲁迅翁在北平绍兴会馆时代修养文学而抄集的书，待等《呐喊》出版受到中国文化界热烈的欢迎，不得不把作风就此改变。而弘师呢？他出家后第一部著作，是仿效道宣律师的文字写成之《四分律戒相表记》。这书出版后，颇受到世界佛学家之称许……所以他不肯把写作的工具轻易调换，就越发沉溺于鲁迅翁初期之所嗜不欲自拔。他们两个在文学上的天才，大抵不相颉颃，不同处就在于转变问题。

亦幻法师清楚地看到鲁迅在"五四"前后文学作风上的"转变"，他将这种"转变"的原因，归结为"《呐喊》出版后受到中国文化界热烈的欢迎"。他认为李叔同这一"在文学上的天才"，作为与鲁迅"大抵不相颉颃"的人物，之所以在"五四"前后没有发生如同鲁迅那种转变，就在于他"越发沉溺于鲁迅翁初期之所嗜不欲自拔"的缘故。将亦幻法师的话引申一下，就可以这样说：一个鲁迅，在时代正反两方面的教育影响下，从六朝文学及其文字作风中摆脱出来，追随并推动着时代风潮，不断地前进了；另一个——李叔同，却在时代和六朝文学及其文字作风负面作用的影响下，与时代风潮的距离越来越远了。

此外，能够让两位怀有救国热肠又投身文艺的青年李叔同、鲁迅在相同道路上走向不同方向的，还有人文环境上的差异。具体说来，各自承师交友的不同、所处地域氛围的不同等都会造成影响。鲁迅出生于绍兴，古称会稽，早在春秋时期即为要地，在近现代政治思想史上尤为引人注目。从这座古城中走出过秋瑾、徐锡麟、陶成章、蔡元培等一批杰出人物，他们彪炳在近现代中国史和中国革命史上。辛亥前后，秋瑾、徐锡麟、陶成章的革命情绪和献身精神都感染过鲁迅，特别是蔡元培，更是鲁迅服膺的前辈。蔡元培当教育总长时，鲁迅就在他手下做事，贯彻其教育改革的想法。还有章太炎，来自浙江余杭，和鲁迅也算是同乡，同样受他尊敬。鲁迅在东京留学时师事章太炎，向他逐字地讨教文字学。鲁迅后来回忆说，他当时到章太炎那里去听讲，"并非因为他是学者，却为了他是有学问的革命家"。在20世纪第一个十年前后，这批绍兴籍先进人物的思想与活动，对南方革命形势的形成起了不小的推动作用，也对鲁迅思想的发展产生深远影响。而李叔同则不然，津门在国难的冲击下凋敝，他精神上的独立和执拗都只允许他在文艺的天地做出更多文章。

林子青编定《弘一法师年谱》时也刻意地考察了李叔同与周氏兄弟之间的交往。因为他们都留学日本，且时间上有重合，李叔同于1905年至1911年在日本留学，鲁迅和周作人在日本的时间分别是1902年至1909年、1906年至1911年，而鲁迅、李叔同又拥有共同的朋友，他们都与陈师曾关系密切。《鲁迅日记》起始于

1912年，故看不到他在日本期间的交游记载。而周作人在《鲁迅的故家·看戏》一文里，简要地回忆了鲁迅等几人在日本看李叔同演戏的事："还有一次是春柳社表演《黑奴吁天录》，大概因为佩服李息霜的缘故，他们二三人也去一看。那是一个盛会，来看的人实在不少，但是鲁迅似乎不很满意，关于这事，他自己不曾说什么。他那时最喜欢伊勃生（《新青年》上称为'易卜生'，为他所反对）的著作，或者比较起来以为差一点，也未可知吧。"文中说鲁迅佩服李息霜（即李叔同），但没更多地交代原因，而由周作人的记述来看，他们似乎不熟识，也许所谓的"佩服"只是耳闻罢了。后来鲁迅与李叔同都先后执教于浙江官立两级师范学堂，鲁迅于1910年离去，李叔同于1912年进入该校，在时间点上没有重合，他们应该也无交集。

不过，周氏兄弟对李叔同的书法都很有兴趣。1935年，周作人曾作《题弘一法师书〈华严经偈〉》，曰："昔在月夜书屋见弘一上人书，今又得见此幅，欢喜赞叹。上人书盖如其人，觉有慈祥静穆之气拂拂从纸上出，对之如听说法，此可谓之文字禅，正是一笔不徒下者也。"文中没有交代这幅墨宝是李叔同赠送还是请别人代求，抑或是经人转送或于旧书肆购得，"月夜书屋"也不知是书斋还是书肆。

鲁迅倒是在1931年3月1日日记中写道："午后往内山书店……从内山君乞得弘一上人书一纸。"从鲁迅此则日记的简单记述来看，所得"一纸"，大概也非鲁迅请内山完造向弘一法师代求的。内山完造有《弘一律师》一文，记述了与李叔同相识、交往的经过。还说李叔同赠予他一些法书，后为友人讨去。鲁迅也许就是"友人"之一吧。另据天津金梅先生所著《李叔同影事》一书载，鲁迅藏有李叔同所书"戒定慧"的字幅，或许其从内山完造"乞得弘一上人书一纸"即是此幅。

不知何日东瀛变

语默动静皆示教

涛声听东浙

经亨颐与李叔同早就相识，虽然交往有限，然而李叔同的不少朋友也是经亨颐的朋友。正因如此，二人实际上早就对彼此有了足够的了解和信任。这次经亨颐邀请李叔同来杭州任教，是他决定发挥自己在掌管教务方面的专长，要招贤纳士，认真做一番事业。他希望在浙江省立第一师范学校（简称"浙一师"）开设图画音乐专修科，培养艺术专业人才，通过熏陶渐进地改良国民性。他正需要一位懂得西洋绘画和现代音乐的教员来任教，主持这两门功课。在民国以前，泱泱中华，只有南京两江师范学堂（后改称南京高等师范）开设图

浙江省立第一师范学校校门

画科，而且存在师资有限、教法陈旧等问题。南京两江师范的国画课只授临摹，西画课也只授临摹与静物写生；由于国内师资水平不足，西画课聘请外国传教士授课。至音乐一门，更因缺乏专门机构培养师资，讲坛空缺，一般只得延请日本四五流讲师担任教席。此外，图画、音乐科目也没有被列入学堂的正式课程，不参加会考，历来受师生轻视。教员也地位低下，即便有几个热心者，也只能身体力行地倡导一时，避免不了人走茶凉的局面。经亨颐从长远的中国艺术教育着想，决心改变这种局面。李叔同吸引了他的目光，这正是最合适的教员人选。李叔同作为中国第一个学习西洋画的留学生名声在外，有扎实的国画和书法功底，留学期间还曾经系统地学习过西洋音乐——去教授作曲也可独当一面——请他来主持浙江省立第一师范学校的图画音乐专修科，是再合适不过了。

学校在 9 月初开学，李叔同提前十多天就来学校报到了。从节令上说，这时已入初秋，杭州依然骄阳似火，暑热未退。李叔同初到的几天，往往"竟夕寂坐"，显得无聊，也许这还有他再次远离家乡的心境在起作用。

过去是神交，现在已成同事的姜丹书和夏丏尊，觉察到李叔同的无聊情态，为了帮助他排遣寂寞，他们选了一天傍晚陪他出门，去西湖游览散心。其时，"晚晖落红，暮山披紫，游众星散，流萤出林。湖岸风来，轻裾致爽"。三人在湖心亭一边品茗尝菱，一边"狂言披襟，申眉高谈，乐说旧事，庄谐杂作"，再"起视明湖，莹然一碧；远峰苍苍，若现若隐，颇涉遐想"。在此情此景中，李叔同向两位新结识的友人，追忆起第一次来杭赶考遭受的挫折，感叹着当时与己同入秋闱的故交旧识，如今已不知下落——真是"生者流离，逝者不作，坠欢莫拾，酒痕在衣"啊！

从湖上归来，李叔同写下即景即情的《西湖夜游记》一作，字里行间透露出他此来杭州情绪上并不是很振奋。当然，这种情绪没有在他执掌教鞭的时候有纤毫的体现。

李叔同是一个在事业上认真负责的人。从服饰这等生活细节

杭州西湖，20世纪20年代

上说，在日本留学时，他改变了在上海时翩翩公子式的长袍马褂，转而西装革履，以干练而新派的青年形象行走东洋。来杭州当了老师后，他又一身布装，金丝边眼镜也换上了黑色铜丝边的。虽是布衣布鞋，款式却很称身，色泽也很端洁，无穷酸苟且之相，有素朴深蕴之美。这绝非仅为满足他人对为人师表者形象的期待，外在的形象反映了他忠于事业的内心世界。当时的中国并无教员制服的统一规范，李叔同却自觉地选择了这身服装，表明了他对于从教的热情。

学生们对这位新来的老师早有耳闻，出身富贵，风度不凡——这一类的传闻早就不胫而走。虽然经历了数年的留学生涯，李叔同早年在津门和沪上的声名依然未曾减退。可是，新老师如此光鲜的过往，对于学生来说未必是好消息。为数不少的学生觉得，这位新老师可能也是将眼前的教师一职当作一个取得履历的台阶罢了——当时颇有时髦人士如此，马马虎虎从教一段时间，顶着"教育家"的清望紧盯着政界，一有机会就抛掉教鞭钻营其间。热心于艺术的学生们还担心，图画、音乐课程在学校教育中的地位不高，一直不受重视，现在这位李先生来了，他能改变这种状况吗？

正式上课了，李叔同先生的教学情形却出乎学生们的意料。

第一堂课，师生首次在课堂上见面。同学们见到这位士绅出身、多年留洋的李先生以这样一身长衫布鞋的打扮来授课，都感到吃惊。李先生手中并没拿学籍簿，他却准确地点出了好几个座位上同学的名字。第一堂课结束，班级多数同学的姓名他都可以

直接点出来。李先生这般"神奇"的表现着实震惊了学生。只花了一堂课的时间，李叔同就通过各种各样的细节让学生们体会到了他与学生们站在一起、立志搞好教学的坚定。在开课之前，他早已对着学籍簿，把每个座位上学生的姓名一一默记。通过这些功夫，一代大教育家在课堂上的第一次亮相才能够圆满成功。

李叔同教授的两门功课，还是遵照当时课程表上的学时安排，并不增多、绝不拖堂。但他要求的课外学习时间比起从前要显著增加，要求同学们勤加练习。早饭中饭后到上课前，下午四点以后，晚饭后到睡觉前，都是练习绘画或弹琴的时间。当时学校中学生宿舍的管理也是如此：早起后直到晚上九点钟进入就寝时间，这么长一段时间不能进入宿舍休息。这是宋明以来诸多修身礼制的集中体现。除了必要的课外活动，李叔同要求学生将一切可以利用的时间，都用在绘画音乐的练习上。学生们感到庆幸：他们遇上了一位难得的老师，不仅仅在专业上富有造诣，在做人方面也堪称榜样。

李叔同担任图画、音乐课教师后，浙一师按照他的教学设计，建造了两个专用教室。一个是开有天窗的图画教室，两边高敞的玻璃窗上挂着落地长帘，室内排列着二三十个画架，桌上摆的是从日本购进的各种石膏模型。另一个是单独建于校园之内，四面装有玻璃窗的音乐教室，里面除了两架钢琴居中，沿墙摆着五十多架风琴。这样先进齐全的教学设备，在当时的国内堪称独一无二。就在这两个教室中，李叔同度过了整整六年的教学生涯。他先后开设了弹琴、作曲、素描、油画、水彩、图案、西洋美术史课程，还开设了写生课，为中国近代艺术教育领域进行了一系列成

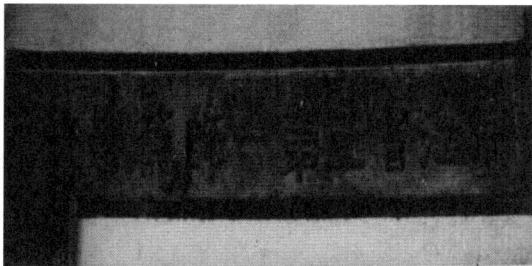

"浙江省立第一师范学校"匾额（经亨颐题写）

功的、富有开创性的教学改革实践，还培养了一大批日后在美术、音乐领域卓有成就的人才。

拿李叔同在浙一师开设的写生课来说，这门课从教学方式上发生了根本改变。我国传统的美术教育历来片面强调临摹画帖，但是李叔同以后，写生的重要性得以受到充分重视。

写生分室内写生和室外写生。室内写生又分画石膏像和画模特儿，包括人体模特儿。历来采用的临摹画本的方法，只是将别人的画作重复一遍，画得再像，技术再熟练，也只能局限于默写临摹过的画面或者在此基础上有所发展。所谓"胸中有山水"虽不失为一种境界，然而接触千变万化的实物实景时，依然无从下手。面对实物，用目测法进行木炭写生，是训练学生构图能力和绘画基本功的最科学的方法。在李叔同先生的教导下，寂静而明亮的教室里，学生们一会儿手拿木炭画笔，凝视着前面案桌上的石膏模型，一会儿低下头来，在画板上精心地勾画。李先生在画架间踱来踱去，仔细地观察着每个学生画板上的进度。发现某个学生的构图有不对的地方，他就叫这位同学把座位让一让，由他来做示范。他坐下以后，先用炭笔测量出石膏像在画面上应处的位置，再在画稿上擦这么一笔两笔，附带着轻轻地说这么一两句"格能弄嘛就好哉"。通过这种近乎手把手的教学，学生很容易就明白差距所在，对准确的画法有了更加深刻的理解。在教学中他发现，学生们不但需要从实践中掌握石膏写生的技巧，还需要系统地从理论上去了解写生的方法。于是不久，他写了《石膏模型用法》一文，发表在由他主编的《白阳》杂志创刊号上。

野外写生，多数是到西湖或其他风景区画风景。在当时那个时代，一般人都还不知道写生是怎样一回事，浙一师学生到野外写生，常常会遇到各种误会，甚至遭到干涉。虽然浙一师早早发出公函通报了警察厅，申明学生是为学业到西湖写生，非有其他目的，但人们从未见过有人搭起三脚画架画画，警惕性颇高的警民往往以为学生是来测绘地形地貌、窃取地图的间谍。比如说有

一次，李鸿梁和张联辉两位学生在运司河下写生，画架铺开后不久就来了个警察，先是严厉地质问张联辉："你是哪里人?"张说自己是"东阳人"，警察立即现出更加警惕的神色说："你为什么到中国来私自测绘地图？最好请你同我到局里去走一趟。"这位警察把浙江金华地区的东阳县人，给错当成了"东洋人"，"东洋人"跑到中国来私绘地图，这可是牵涉主权的重大问题，必须处置了。李鸿梁知道警察听岔了，急忙解释，并告诉他：我们是浙一师的学生，出来写生的，学校早有公函通报了警察厅。然而该警察并不懂什么叫作写生，经两位学生反复解释，仍坚持要带二人到局里去走一趟。后来，幸而来了另一个警察，总算知识多一点，知道是怎么回事，才算解决了这桩误会。还有一次，李鸿梁一个人去苏州写生，一下火车就遇到警察抽检。苏州的警察从没见过装在铅管里的油画颜料，觉得很可疑，可能是由于这个时期有关邪恶的传教士炼取毒药，让汉奸毒害国人的传言深入人心吧。李鸿梁拿出铅管，给他挤了颜料出来，再三解释这是什么东西，还有他的来意是为了"写生"。然而没有用，他的说辞警察们基本不懂，非让他把颜料从铅管里统统挤出来不可。事情直闹到站长室，费了很大力气才解释清楚。可是这时天色已晚，围观者众，李鸿梁的写生也无法进行了。从这两次发生的事件也可以看出，实景写生的教学在国内确实还是一种闻所未闻的新鲜事儿。李叔同在浙一师首开写生课之先河，其意义亦可见一斑。

为了便于写生，在李叔同的倡议下，学校给学生们定造了两条手划船，以便描摹西湖风景。船下水的那天，李叔同、夏丏尊和学生们在湖上聚餐欢庆。或许是为了学生们从此有专船可供写生而太兴奋的缘故，夏丏尊先生下船时立脚不稳，跌入了湖中。他是上半身先扑下水的，李叔同慌忙中倒是抓住了他的一只脚，但他的身材本来庞大，又时值冬天，穿着皮袍，一浸水更重了，哪里还拖得动！船身太小，大家不便动作，只好叫喊着先让李叔同放了手，大家才把夏先生捞了上来。夏先生全身湿透了不说，还丢了一只金表。这也是当年李叔同在浙一师提倡野外写生的一段插曲。

经过一年多的基本训练，及至1914年深秋，学生们已初步掌握了绘画的一般技能。按照教学进度，李叔同接着安排了人体写生课。这在当时的中国，更是破天荒的事。根据上过李叔同这门课的学生李鸿梁、丰子恺等人的传记资料和留下的一帧课堂现场照片，我们对彼时彼地的情景还能略窥一二。

人体写生课的最初几天，李叔同对学生们说："通过前一阶段的学习，你们已有了面对实物进行素描写生的初步技能，但这还远远不够。绘写人物形象，是绘画内容中的基本部分，也是绘画艺术的基本技能，我们必须学会如何画人物。当然，临摹人物画也是一种途径，但和其他临摹方法一样，并不是根本的途径。为了掌握人物画的基本画法，从现在起，我们开始学画人物写生。"

李叔同发现学生们有些不解，接着又说："所谓人物写生，就是对着真人写生作画。希望大家有个准备……"

他想说得更具体一些：所谓人体写生，就是裸体写生，但终于打住了，没有继续说下去。

学生们在兴奋中不无好奇，也有些怀疑：人体写生——裸体写生，文艺复兴以来外国艺术院校倒是早就开设了这门课。李先生要搞的真人写生，究竟真到何种程度呢？又是什么人愿意到教室中站上半天，赤身裸体地供作画用呢？

上人体写生课这天，学生们早早地进了绘画教室，静静地等候着。只见教室的每扇窗子都用蓝色窗帘遮住了，给人以神秘的感觉。

一会儿，李叔同进入教室，走到级长那里低声说："同学们都来了吧？从今天起，凡上人物写生课，都要点一下名。"

级长环视了一下画架前的同学，回答说："李先生，同学们都到齐了。"

"很好！很好！"李叔同边说边向讲台走去，然后转过身来面

向大家，接着说，"同学们也许会为今天教室里的这种布置感到奇怪。当然，这是不能怪你们的。在我们中国，这样来布置绘画教室还是第一次……"

略微停顿了一下，他又说，"我现在郑重地告诉诸位，为了正规、科学地学习绘画基本功，更准确地掌握人体结构，今天我们在这个教室里进行裸体写生教学！这在我们中国是破天荒第一遭，具有历史意义。所以刚才我要级长点一下名，免得哪位同学缺席了。我们不能为某一位缺席的同学，单独补这种功课。大家都来了，这就很好，这就很好。现在请大家稍候一下，我去把模特儿领来。"

不大会儿，李叔同从隔壁房间里领来了一位四十来岁的男子。只见他身上披着一床薄棉被，有些羞涩地站到方桌上面。然后，他望了望李叔同，犹豫地揭下了身披的棉被。一个肌肉发达的身躯，全部裸露在学生们面前。

原先大家以为，模特儿顶多裸露出部分身躯，羞人之处不会不遮盖的。真想不到，竟会这样彻底地一丝不挂！从未见过这般情景的学生们，有些心跳慌悚起来，有的还难为情地低下了头，有的想笑而不敢笑。一瞬间，教室里异常地寂静。

李叔同见模特儿已经摆好他所要求的姿势，于是说："同学们，开始作画！"

同学们抬起了头，注视着前面的模特儿。从洞开的气窗中射进来的阳光，有如新式舞台上的一束追光，正集中在模特儿的身上，他像一尊雕塑

李叔同主持下的人体写生

般矗立在教室中，给人以力和美的激动。这正是人体写生需要的艺术感觉。捕捉到了这种感觉，学生们立时在画板上唰唰地勾勒起来。站在进门处一侧的李叔同，面对此情此景，欣慰地微笑。在中国，这又是一项开创性的艺术实践！

关于在中国引入人体模特儿进行美术教学的事，长期以来，美术界几乎一致认为这始于刘海粟主持上海美专之时。实际上，中国最早引进人体模特儿写生教学的是浙江省立第一师范学校，主持人是李叔同，时间要比上海美专早一年。只是李叔同当时采用的是男性模特儿，在社会上反响不大；而刘海粟主持上海美专，由于在1920年后又聘请了女性担任模特儿，进行裸体写生教学，这才在社会上造成一场轩然大波，让影响铺张开来。由于刘海粟引发的争议深入人心，于是人们也就以为，刘海粟系中国采用人体模特儿教学法的先驱。现在来看，这是不确的。中国采用模特儿教学法的第一人，应该是李叔同。阴差阳错的是，恰恰是李叔同的好友杨白民，无意中将此荣誉记到了刘海粟的名下。1917年，时任上海图画美术院校长的刘海粟在上海张园安垲府举办学校成绩展览会，陈列有人体习作，"群众见之，惊诧疑异"。时任城东女校校长的杨白民，看后大骂："刘海粟是艺术叛徒，教育界之蟊贼！"此后，刘海粟在以"艺术叛徒"自号自励的同时，也享受了"开创中国人体写生"的荣誉。杨白民应当是对于老友李叔同三年前就在杭州开展人体写真教学的情况不甚了解，比起动辄在舆论界掀起轩然大波的上海来，避居杭州让李叔同能够安心教学。

李叔同在浙一师开设西洋美术史课程，并自编讲义，亦属国内首创，填补了中国美术教育的一个空白。每次讲授，他总是预先搜集好有关画家的代表性作品，并把画家的简历、时代背景、作品风格及特点等一一抄录在纸条上面，上课时按顺序取用。李叔同的讲义，作为近代中国人自己撰写的第一部西洋美术史，有其特殊的价值。在出家后，其学生吴梦非曾筹划出版之，由于弘一法师本人阻拦，未能付梓，后连原稿也遗失了，实为一件憾事。

从日本回国到出家之前，杭州是李叔同生活时间最长的地方。按照浙一师校长经亨颐的说法，李叔同之所以长期任教杭州，乃至后来的出家，一半原因在于西湖。1932 年，经亨颐为

《半裸女像》　李叔同绘

李叔同手书《华严集句三百》作跋，化用白居易的《春题湖上》，曰："上人性本澹泊，却他处厚聘，乐居杭，一半勾留是此湖；而其出家之想，亦一半是此湖也。"唐宋以来，杭州西湖都是文化胜地，湖光山色与此间骚人墨客成为交相辉映的文化景观。李叔同也不例外，杭州城之灵秀，让他勾留，让他做出世之想。而他自己的名字也与杭州城、西湖永久地联系在了一起。

金石丝竹华

在杭州期间李叔同还支持学生成立了"乐石社"等业余社团，学习金石、木刻。乐石社成员，开始只限校友，后得到金石大家吴昌硕和西泠印社诸多名家"左提右挈"，"声气遂孚""规模寖备"，成为杭州又一个颇为著名的金石社团。社友们以李叔同"博学多艺，能诗、能书、能绘事、能为魏晋六朝之文、能篆刻"公推其为社长。李叔同自己，并请南社社友姚鹤雏，分别写了同题文章《乐石社记》，记述了它的肇始和发展过程。李叔同在"社记"中说：

　　不佞昧道懵学，文质靡底。前鱼老马，尸位经年。伏念雕虫篆刻，壮夫不为。而雅废夷侵，贤者所耻。值猖狂颓靡

之秋，结枯槁寂寞之侣。足音空谷，幽草寒琼，纵未敢自附于国粹之林，倘亦贤乎博奕云尔。

这段文字说明了，他热情支持由学生邱梅白发起成立的乐石社，并出任社长（主任）的原因。李叔同还作有《乐石社社友小传》，记载了社员25人的姓名、籍贯及专长、行状等等。柳亚子、经亨颐、夏丏尊、姚石子、费龙丁等南社中人，也名列其中。在其本人的条目中，李叔同这样自称：

> 燕人，或曰当湖人。幼嗜金石书画之学，长而碌碌无所就。性奇僻，不工媚人，人多恶之。

可谓生性自知，又矢志不移。

姚鹓雏的"社记"，则对李叔同的"怀文抱质，会心独往，神合千祀"之旨及其为学为人之风貌神采，极尽赞美。文章中有这样的话：

> ……〔李子〕平居接人，冲然夷然，若举所不屑。气宇简穆，稠人广坐之间，若不能言；而一室萧然，图书环列，往往沉酣咀嚼，致忘旦暮。余以是叹古之君子，擅绝学而垂来今者，其必有收视反听、凝神专精之度。所以用志不纷，而融古若冶，盖斯事大抵然也。兹来虎林（武林一称虎林——引者注），出其所学以饷多士，复能于课余之暇，进以风雅。鱼鱼雅雅，讲贯一堂。毡墨鼎彝，与山色湖光相掩映。……

姚鹓雏对"李子"叔同，真可以说是推崇备至，倾慕有加。在李叔同人格魅力的感召下，乐石社的社友也从最初浙一师的小圈子逐渐扩大。柳亚子1915年在西湖与李叔同相遇，李叔同邀请

他加入乐石社，柳亚子以"憒于艺事"辞谢，李叔同以为无碍，柳亚子也就"欢然从焉"。乐石社有《乐石集》出版。1915 年 3 月底，李叔同曾将四册《乐石集》寄赠母校东京美术学校图书馆收藏。后来，李叔同在杭州期间所治印章，出家时全部送给了西泠印社，封存于石壁中，立碑记曰："同社李君叔同将祝发入山，出其印章移储社中。同人用昔人'诗冢''书藏'遗意，凿壁庋藏，庶与湖山并永云尔。"数十年后，这批印章才被发掘出来，现陈列在杭州西泠印社博物馆。

在杭州期间，李叔同还参加了南社的活动。南社是 1909 年出现的文人结社，由陈去病、高旭、柳亚子等发起。李叔同与他们并不陌生，南社发起人中，高旭、柳亚子与李叔同一样，留学日本时都是《醒狮》杂志的撰稿人。1912 年南下后，李叔同在 2 月加入南社，开始参与南社的活动。这年 3 月，南社在上海举行第六次雅集，这次雅集后，李叔同为《南社通讯录》设计了封面，以"息霜"署名题字。1915 年 5 月，南社在杭州西泠印社举行了一次临时雅集。乐石社中还有好几位南社社友，大约都与柳亚子一样，在这次雅集时受邀加入。

浙一师的学生们在李叔同和夏丏尊的指导下，曾编过一本《木版画集》，"自己刻、自己印、自己装订"。其中收有李叔同木刻作品一幅，是模仿小孩画的人像。美术家毕克官先生，在谈到此事时说："李叔同应是中国现代版画艺术最早的作者和倡导者。"也就是说，我国早在 1912—1918 年间就出现了研习现代版画技法的组织，并出有成果。这件事，在中国现代版画史上是不应该被疏漏的。

李叔同希望外界能够认同，并推广他在浙一师从事的美术教学的实践和成果。恰好，1915 年度旧金山国际博览会即将举行，各国正在推荐美术作品，中国也建立了筹备机构。李叔同闻讯后，立即发动学生绘画各种形式的作品，经过精心挑选，向筹备机构报送了一批。结果，主持该项目的官僚对西洋画法一无所知，对国人的西洋画画功妄自菲薄，直接将这批作品发回，一幅也没有通过。消息传来，学生们情绪低落，不乏灰心丧气者。李叔同也为此愤愤不平，但他还是鼓励学生说："诸位不必气馁。我们的艺术，过了百年以后，总会有人了解的。只要我们坚持不懈地按照现有的做法走下去，总会有被人承认的一天！"

20世纪初叶，李叔同在中国美术领域的诸多创造性实践，确是史无前例的。美术家吕凤子先生，对李叔同曾有这样的评价："严格地说起来，中国传统绘画改良运动的倡导者，应推李叔同为第一人。根据现有的许多资料看，李先生应是民国以来第一位正式把西洋绘画思想引介我国，进而启发了我国传统绘画需要改良的思潮，而后的刘海粟、徐悲鸿等，在实质上都是接受了李先生的影响，进而成为中国传统绘画改良运动的推行者。"吕凤子是稍后于李叔同的中国画家兼教育家，也可以说他们是同代人，是当时中国画坛的名家和见证者。

作为音乐家的李叔同，早在1905年就以一曲《祖国歌》蜚声大江南北；他在留日期间又编辑出版了《国学唱歌集》，或作词，或配曲，被公认为当时中国音乐界"词曲双擅第一人"。

浙一师的学生们，对李叔同在音乐上有着高度造诣这事是完全了解的。但李叔同起初只教西洋画和美术史，并没有开设音乐课。后来学生们再三请求，他才兼任了这门课程的老师，也是暗合了孔圣人"不愤不启，不悱不发"的教育原则。为了做到有的放矢、事半功倍，第一次上音乐课时，他给学生们发下一张调查表，问大家学过几年音乐，还想学到什么程度。根据学生的现有程度和要求，他再量体裁衣，编写行之有效的讲义。

李叔同于音乐课，也注重理论与实际的结合，并且身体力行，用示范的方式启发学生。他不但给学生们讲授现代作曲法，自己还创作了大批歌曲。他留给后世的六十多首歌曲，半数写于这一时期，其中包括《送别》《春游》《忆儿时》《早秋》《西湖》等几首传唱不衰的经典之作。丰子恺、裘梦痕编辑之《中文名歌五十曲》中，收李叔同作品十多种，全是他这一时期的创作。

　　李叔同是诗词大家，他歌曲创作上的成就也主要在歌词方面。他的歌词，善于借景抒情，句式基本上采用的是中国古典律诗或长短句的结构，如《春游》：

> 春风吹面薄于纱，
> 春人妆束淡于画。
> 游春人在画中行，
> 万花飞舞春人下。
> 梨花淡白菜花黄，
> 柳花委地芥花香。
> 莺啼陌上人归去，
> 花外疏钟送夕阳。

　　如《早秋》：

> 十里明湖一叶舟，
> 城南烟月水西楼。
> 几许秋容娇欲流，
> 隔着垂杨柳。
> 远山明净眉尖瘦，
> 闲云飘忽罗纹绉。
> 天末凉风送早秋，
> 秋花点点头。

　　如《西湖》：

> 看明湖一碧，
> 六桥锁烟水。

塔影参差，
有画船自来去。
垂杨柳两行，
绿染长堤。
飏晴风，
又笛韵悠扬起。
看青山四围，
高峰南北齐。
山色自空濛，
有竹木媚幽姿。
探古洞烟霞，
翠扑须眉。
霎暮雨，
又钟声林外起。
大好湖山如此，
独擅天然美。
明湖碧无际，
又青山绿作堆。
漾晴光潋滟，
带雨色幽奇，
靓妆比西子，
尽浓淡总相宜。

《西湖》一词，明显地化用了白居易和苏东坡诗作中的意境和诗句。

李叔同也作曲，如《隋堤柳》《春游》《早秋》等，词曲即他一人所作。但他似乎更喜欢选用中外名曲，尤其是民歌和通俗歌曲的旋律，自作歌词或为他人诗词配谱。他曾为《诗经》《离骚》的部分篇章，李白的《行路难》、李商隐的《隋宫》、辛弃疾的

《菩萨蛮·郁姑山下》、黄遵宪的《出军歌》等选曲配谱。任教浙一师后，他为欧阳修的《春景》、杜牧的《秋夕》、温庭筠的《利州南渡》、李白的《清平调·云想衣裳花想容》、岑参的《走马川行奉送封大夫出师西征》、孟浩然的《夜归鹿门山歌》，以及古诗十九首之一《涉江》等选曲配谱。在李叔同的歌曲作品中，由他自己作词而用他人的曲子配谱，影响最为广远的，当数《送别》和《忆儿时》两首。

在电影《早春二月》与插曲《送别》之间，还有一段"插曲"。电影是根据柔石的小说《二月》改编的。柔石（1902 - 1931），本名赵平福，浙江宁海人，中国共产党党员，"左联"五烈士之一。鲁迅写下《为了忘却的纪念》，寄托了对他的怀念。1918 年，年轻的柔石考入浙一师时，恰逢李叔同出家刚走。柔石对李叔同先生原是很仰慕的，他从夏丏尊先生那里得了李叔同的一幅手书，视若珍宝，装裱成一字轴，名曰"李叔同先生入山后手迹"。李叔同的手书是他 1918 年中秋前二日写给夏丏尊的一封短笺：

> 丏尊居士：
> 顷有暇，写小联额贻仁者。前嘱楼子启鸿刻印，希为询问。如已就，望即送来。衲蒆不它适，暇时幸过谈，不具。
> 释演音
> 中秋前二日

信中提到的楼启鸿，字秋宾，是乐石社社员，即迎请李叔同去其家乡新登贝山掩关静修的那位浙一师门生。字轴落款处钤有"四十不闻道"的阴文篆章。柔石在字轴上作一题记曰：

> 余幼鄙，不知叔同李先生之为人，然一睹其字，实憾师之不及者。共和七纪，余学武林师校，适先生弃世为僧，故

又不及见其人而得其片幅。后先生知交夏先生丏尊嘉余诚，以此作赠余，余乐而藏之。此非余之好奇，实余之痼性也。赵子平复自志。

富有意味的是，柔石在题记落款下方钤有"九曲居士"白文篆章一方，似有向往李叔同清净世界之意。字轴后由柔石次子赵德鲲收藏。而其长子赵帝江手中，则又藏有一帧柔石身穿僧衣的照片。赵帝江对访者说，这帧"照片有二寸长，一寸多宽，西式头发，还戴着近视眼镜。从脸孔可看出是杭州第一师范学校时所摄，哪一年就无从查考了。可能是李叔同先生剃发入山不久罢，因为据说那时流行过这样一种思潮"。而思潮是会随时代不断变化的。1930年后，柔石成了左翼作家，也就不再公然称赞李叔同了。他在1930年4月出版的《萌芽月刊》1卷4期上发表了一篇文章，题为《丰子恺君底飘然底态度》。文章说，他在读了丰子恺的两篇随笔后，"几乎疑心他是古人，还以为林逋姜白石能够用白话来做文章了"。在评述到丰子恺与弘一法师合编的《护生画集》时，又说，"我却在他底集里看出他的荒谬与浅薄"。这不但是在评论丰子恺，也是在臧否弘一法师，说明这时的柔石，已与十多年前的"赵子平复"判若两人。但柔石不会想到，又过了三十多年，谢铁骊将其小说《二月》拍摄成电影《早春二月》的时候，却把李叔同的歌曲《送别》选作影片的插曲。

《忆儿时》，系李叔同另一首脍炙人口的代表作，歌词曰：

春去秋来，岁月如流，
游子伤漂泊。
回忆儿时，家居嬉戏，
光景宛如昨。
茅屋三椽，老梅一树，
树底迷藏捉。

高枝啼鸟，小川游鱼，

曾把闲情托。

儿时欢乐，斯乐不可作。

儿时欢乐，斯乐不可作。

　　选配的，则是美国通俗歌曲作者海斯（William·S·Hays，1837—1907）创作的《我亲爱的阳光明朗的老家》的曲子，舒缓的旋律中不无忧伤。

　　李叔同创作的歌曲，之所以能广泛流传，丰子恺等人认为是作者"有深大的心灵，又兼备文才与乐才"。其歌词典雅，具有高度的文学性，抒发情怀皆中节，符合"乐而不淫、哀而不伤"的标准。其曲调通俗流畅，雅俗共赏。李叔同在浙一师担任音乐教员期间，创作了大量歌曲，这与其说是为了抒发他当下的思想情绪，不如说，是在为学习作曲的学生提供一种实践的示范。

　　在李叔同所授音乐课程中，学习弹琴占有较重的分量，他的要求也严。在上课教学弹琴前，他先给学生们讲授西洋乐器方面的知识，发表在由他主编的《白阳》杂志上的论文《西洋乐器种类概说》，就是由他当时的讲义汇编成的。

　　李先生总能按照学生学习的进度渐渐把课程提高到合适的难度，学生们平时有疑难的曲节去问他，他也总能立刻进行现场示范演奏。他的指法严谨规范，附点、切分音、休止符、强弱等等都非常准确。学生们因此无限敬佩他，这种敬佩影响了他们的学习态度。

　　学生们课上和课下都勤加操练，如果达不到李先生规定的目标，这门课是不会轻易过关的。每周"还"曲的时候，如果李先生感到满意，他就在记录学生成绩的本子上写上"佳""尚佳"或者"尚可"字样。遇到不满意的，他就站起来，用略带天津腔的江浙话委婉地说："曼好，曼好，不过，狄葛浪好像还有点勿大里对。"或者说："还可以慢一点，狄葛浪还要延长一点。"

碰到这种情形，学生即使感到委屈，也不会去和李先生争辩，因为李先生绝不会再跟第二句话。比较好的应对方法是，尽快坐下来，按照他的要求继续练，争取到下一周时，连同新曲子一起弹给他。只有这样才能够在本子上收获一个较好的评语。

1914 年春天，李叔同在上海，曾去城南拜访义兄许幻园。草堂旧址，楼台杨柳大半荒芜，一派萧瑟颓败的气象。"天涯五友"的两位友人，忆及往日家庭之乐，唱和之雅，"恍惚殆若隔世矣"。许幻园出示其夫人宋梦仙的遗画，李叔同为之题词。李叔同既"恫逝者之不作"，又"悲生人之多艰"，聊赋短诗，以志哀思：

人生如梦耳，
哀乐到心头。
洒剩两行泪，
吟成一夕秋。
慈云渺天末，
明月下南楼。
寿世无长物，
丹青片羽留。

翌年秋天，李叔同应江谦之邀，兼任南京高等师范学校图画音乐教员。李叔同自在江谦的学校中兼课，常常需要半个月在杭州，半个月在南京，一个月里面，在沪杭宁间往返多次，每次还都坐夜车。当时交通不畅，不免仆仆道途，劳形劳神，十分辛苦。其间，一则为了摆脱疲于奔命的劳顿，使生活安定下来，二则由于对学校当局某些做法不快，他多次想离开浙一师，专在南京高等师范任职。但因碍于情面，不忍拂逆夏丏尊等友人的恳请，始终没能离开。同一时间，李叔同曾在西湖烟霞洞巧遇津门旧友、时任北京高等师范学校校长的陈宝泉，陈邀他北上担任教授。李叔同当时微笑应诺，但后来又去信婉言谢绝了。

李叔同任教浙一师，改变了这所学校学生历来不重视图画、音乐二科的状况。夏丏尊说自他任教以后，图画、音乐忽然被重视起来，几乎把全校学生的注意力都牵引过去了。课余但听琴声歌声，假日里常见学生出外写生，这原因，一半当然是他对于这二科实力充足，一半也是由于他的感化力大。只要提起他的名字，全校师生及教工，皆为之肃然起敬。

诚敬为世范

李叔同是艺术教育家，也是教育艺术家。他的教育艺术，主要表现在对人对事的诚敬态度上。对于他的教育精神、教育方法及其感化力量，浙一师的师生是深有感触、有口皆碑的。

一次，学生宿舍中的财物被窃了，大家猜测是某个学生偷的。一检查，没有得到证实。夏丏尊身为舍监，深感惭愧苦闷，他向李叔同请教解决办法。李叔同指教的，竟是教他去自杀。这绝不是开玩笑，他是认真地说出这一主张的。他说：

"你肯自杀吗？你若出一张布告，说做贼者速来自首，如三日内无自首者，足见舍监诚信未孚，誓一死以殉教育。果能这样，一定可以感动人，一定会有人来自首。这话须说得诚实，三日后如没人自首，真非自杀不可，否则便无效力。"

这话在一般人听来，都会认为是过分之词，十分荒唐。但是夏丏尊知道，这话在李叔同说来，却是真情的流露，没有虚伪造作。当时如果李叔同遇此处境，大概真的会那样去实行的。夏丏尊自愧弗如，自知难以照办，只能向李叔同笑谢了。当然，李叔同也没有责备他的意思。

丰子恺在回忆录中说，学生们第一次上李叔同的课，即能迅速产生两点感受，一是严肃、二是新鲜。摇过预备铃，学生们按照过去的习惯，还是那样不快不慢地走向教室。这次推门进去一看，情形不对了：李先生早已端坐在讲台上。以为先生还没有到而嘴里随便唱着喊着，或者笑着骂着的，更是吃惊不小。他们的

语默动静皆示教

各种声音以门槛为界，忽然消失了，赶紧低着头红着脸，跑去端坐在自己的位置上。同学们刚坐好，便偷偷地仰起头来，看看这位李先生。只见他宽广得可以走马的前额，细长的凤眼，隆正的鼻梁，做成威严的表情。扁平而阔的嘴唇，两端常有深涡，做成和蔼的表情。这副相貌，可以用"温而厉"三个字来描写。讲桌上放着点名簿、讲义，还有一只金光闪闪的时表。黑板上早已清楚地写好了与本课有关的内容。黑板是活动的上下两块，两块上都写满了，上块盖着下块，用下块时把上块推开。在这样布置好的讲台上，李叔同端坐着，坐到上课铃响了，同学们进了教室，坐上了座位，他便站起来深深地一鞠躬，课就算正式开始了。这样地上课，与以往情形比较起来，不是很严肃、很新鲜吗？

从第一堂课，学生们知道了李叔同的脾气，以后每当上他的课，不等上课铃摇响，已早早地在座位上等候先生了。

李叔同备课十分认真。他上一小时课，预备的时间恐要半天。他是为了要最经济最有效地使用每节课的五十分钟，才把必须在黑板上写出的内容，都预先写好了。他上课的时候还常常看表，精密地依照他预定的教案进行，一分一秒也不浪费。此外，对于学生们礼仪的培养，他也是不遗余力的。礼仪的培养和强调纪律管理并非同一个概念，从李叔同任教时候的几个例子可以看出这种培养的不同。

当时，有个学生在上课时不好好听讲，看别的书；还有个学生，把痰吐在地板上，他们以为李先生不会看见。实际上，先生都知道，只是并不立刻去责备他们，等到下课了，他才用轻而严肃的声音郑重地说某某"等一等出去"。于是这位某某同学，只好站在原地。等别的同学都出去了，先生又用轻而严肃的声音，向这位同学和气地说"下次上课时不要看别的书"，或者说"下次不要把痰吐在地板上"。说过之后，他微微地一鞠躬，表示"你可以出去了"。凡是有过这种经历的同学，从教室中出来时，大都脸孔通红，显出难为情的神态。

有一次下音乐课，最后出去的同学无心地把门一拉，碰得太重了，发出很大的声音。这位同学走了数十步之后，听到李先生正在门口满面和气地叫他回去。这位同学不得不回到李先生身边，李先生又叫他回到教室里。进了教室，李先生才用轻而严肃的声音，和气地对他说："下次走出教室，要轻轻地关门才好。"说完，对这位同学深鞠一躬，送他出门，自己轻轻地把门关好了才离开。

还有一次，那是一次上钢琴课时的情景。十几个同学正环立在钢琴四周，看李先生演奏。有个同学放了一个屁，没有声音，却是奇臭无比。同学们有的赶紧掩鼻，有的说着"讨厌"加以责备。李叔同也皱紧了眉头，但是没有吭声，仍然自管自地弹着琴，一直弹到臭气消散了，才舒展眉头。下课铃一响，他站起来一鞠躬，表示可以散课了。当同学们正想往外走的时候，他又郑重地宣告说："大家等一等出去，我还有一句话。"大家不知道会是什么话，呆呆地肃立着。只听他用轻而严肃的声音，和气地说："以后放屁，到门外去，不要放在室内。"接着又是一鞠躬，表示大家可以出去了。同学们实在忍耐不住，未出室门，已经叽叽咯咯地发出了笑声。一出门口，拔脚就跑，到了远一点的地方，都笑到捧腹。

有些时候，遇到学生言行不美或犯了过失，李叔同当时不说，过后特地叫学生到他房间里去，和颜悦色、间接委婉地加以开导。一次上写生课，李鸿梁没注意到李先生正在后面为同学改画，他径直走到石膏模型前面去看上面的说明卡，挡住了李先生的视线。李先生说了声"走开"。李先生也许是无意的，但这有可能让李鸿梁感觉在全班同学面前失了面子。年少气盛的李鸿梁回到自己座位上，向着画板发泄式地敲了一下，接着又离开了教室。

吃过中饭，工友闻玉给李鸿梁送来一张纸条，说"李先生请你去"。李鸿梁当即意识到，这一定是为了上午的事，心里不免有些不安，可是又不能不去。他来到李先生房间门口，见他正在和夏丏尊先生闲谈。李叔同见了李鸿梁，并没有改变常态，而是站起来把他引进里屋，还随手把门拉上了。李鸿梁很紧张，以为有

133

一番严厉的斥责在等着他。哪知道，李先生只是轻轻地对他说："你上午有点不舒服吗？下次不舒服请假就好了。"说完，又随手把门拉开，说，"你去吧，没有别的事。"

李鸿梁听完李叔同的话，慢慢地走了出来，看到李先生已经回到自己的房间，他才跑回了自修室。此时的他一方面有如遇到大赦一般轻松，另一方面又感到羞愧和内疚。结果在这种矛盾感受的夹攻下，他虽然手里拿着一本书，看了半天，到底也不知道看了些什么。等到同学们喊他去上课，他才回过神来，抬头一看，人已走光了。这以后有好些天，李鸿梁惭愧得不敢和李先生当面讲话。李叔同这种"温而厉"的教育方式，与学生心灵产生震撼般的共鸣，往往使他们长久不忘，从而再有过失，就能立即猛省。

还是这个学生李鸿梁。有一次，他从图画教室出来，高声直呼地问："李叔同到哪里去了？"哪知李叔同就在隔壁房间，听到有人喊他，就从里面走了出来。李鸿梁一看事情不好，急忙逃跑。李叔同还没从房间里探出身，他已经从扶梯上连滚带爬地逃了下来。近半个世纪之后，李鸿梁回忆此事时说，他边逃边听见李先生说话的声音并没什么两样，"仍很自然地在问'什么事'……而我已汗透小衫了。凭良心讲，我从来没有直呼其名，就是到他出家一直到现在，还是叫他李先生。不知道为什么，那一次，竟神经错乱地失了常态！直到现在想起来，还觉得脸孔热辣辣的"。

有个顽皮的学生说"情愿被夏木瓜骂一顿，李先生的开导真是吃不消，我真想哭出来"。"夏木瓜"是学生们对夏丏尊先生的爱称。当然，夏丏尊先生也是受学生们尊敬的老师，只不过和李叔同相比，其教育方式有所不同。李叔同教育学生，每以温和的话语示之，且往往只有那么简短的三两句，这便给人一种严厉甚至冷漠的感觉。

李鸿梁回忆说，"说他严厉吧，他倒是很客气；说他客气吧，可是有时候又有点不大好讲话。虽然满面慈祥，但是见了他总是有点翼翼然"。不单是学生，就是同事，对他也是非常敬畏的。

一次，几个同学拥到日籍教师本田利实先生的房间，想请他给每个人写一幅书法屏条。本田利实的房间里没有文具，没法写，于是同学们请他到李叔同先生的写字间去，用那里的文具写，他连说不好。后来探知李先生不在屋，一时回不来，他才答应，不过叫大家放哨似的在扶梯口、走廊上、房门口，都站了人，如发现李先生回来了，立即通知他。同学们说"李先生决不会因此发恼的"来宽慰这位日籍教师。

本田利实先生说："在李先生面前是不可以随便的。"

待到条幅写好了，同学们诳他说"李先生来了"，本田利实先生一听，立即飞快地跑回了自己的房间。同学们为他的狼狈相大笑了一阵。

李叔同严厉的态度中，包含着对学生的一片热忱和殷切的期待。他的严厉，不是严酷无情，是严格深切的企盼。他对学生的了解、关切、提携，是细致真切，不厌其烦的。1915 年暑假，李鸿梁在浙一师毕业。李叔同正准备偕日籍夫人去东京度假，临行前，他给李鸿梁写了一封信，大意是教他处世要"圆通"些，否则，不能与世相水乳。那时李鸿梁刚二十出头，又生性戆直，锋芒毕露。李叔同深知他的秉性弱点，信中还给他附去一副对联："拔剑砍地，投石冲天"。另有一副条幅，上书"豪放"两个大字，旁系小字七绝一首，赞扬中有警诫的含义。回国前，他又打来电报，叫李鸿梁去南京高等师范学校代他的课。李鸿梁刚毕业，毫无教学经验，又年纪轻轻，还人地两生，骤然间去教课，心里难免忐忑，有些犹豫。不久，李叔同从日本回来，发现李鸿梁正在为难，便帮他作了具体细致的安排。

李叔同拿着本学期的教学进度，向李鸿梁介绍了南京高等师范学校里的情形，并交给李鸿梁一串钥匙，关照地说，卧室与教员休息室距离很远，每天早晨必须把自己的表与钟楼的大钟对准，号声有时候听不清楚。如果有事外出，叫车子回校，一定要和车夫说清楚拉到教员宿舍，头门离教员宿舍还有一大段路呢。吃饭时要记住：每人两双筷子，两只调羹，如果觉得不便，可以让厨房把饭单独开到自己房间里来。还有，那个管理房间的工友，你须留意。……

最后，李叔同又交给李鸿梁两封介绍信：一封是给学校的；一封是给他在东京音乐会上认识的韩亮侯先生，托他关照李鸿梁。

第二天，李鸿梁准备去南京赴任。早晨刚起床，李叔同就来旅馆看他，邀他去吃点心，然后送他上火车，直到开车信号发出后才离去。李鸿梁说起这段感受，李先生的这般细心周到，恰如父母在送儿女远行。

浙一师的学生们，反复地表述过对李叔同教育精神和感化力量的印象。

> 在我们的教师中，李叔同先生最不会使我们，忘记。他从来没有怒容，总是轻轻地像母亲一般吩咐我们。……他给每个人以深刻的影响。伺候他的茶房，先意承志，如奉慈亲。

——曹聚仁：《李叔同先生》

> 弘一师的诲人，少说话，主行"不言之教"，凡受过他的教诲的人，大概都可以感到。虽然平时十分顽皮的，一见了他，或一入他的教室，便自然而然地会严肃恭敬起来。但他对待学生并不严厉，却是非常和蔼可亲，这真可以说是人格的感化了。

——吴梦非：《弘一法师和浙江的艺术教育》

李叔同的学生们不仅仅是崇敬他，甚至是为他所折服。为什么会折服于他，并且心甘情愿按照他的要求来正自己的行为、塑造礼仪呢？这要归因于李叔同的人格。说起李叔同的人格，仍然

要回到他凡事认真的个性上。他对于一件事，不做则已，要做就非做得彻底不可。这种个性本身就充满了令人尊敬的魅力。

李先生人格上的第二特点是"多才多艺"。西洋文艺批评家批评德国的歌剧大家华葛纳尔（Wagner）① 有这样的话："阿普洛（Appolo，文艺之神）② 右手持文才，左手持乐才，分赠给世间的文学家和音乐家。华葛纳尔却兼得了他两手的赠物。"意思是说，华葛纳尔能作曲，又能作歌，所以做了歌剧大家。拿这句话批评我们的李先生，实在还不够用。李先生不但能作曲，能作歌，又能作画，作文，吟诗，填词，写字，治金石，演剧。他对于艺术，差不多全般皆能，而且每种都很出色。专门一种的艺术家大都不及他，要向他学习。……他的教授图画音乐，有许多其他修养作背景，所以我们不得不崇敬他。借夏先生的话来讲：他做教师，有人格作背景，好比佛菩萨的有"后光"。所以他从不威胁学生，而学生见他自生畏敬。从不严责学生（反之，他自己常常请假），而学生自会用功。他是实行人格感化的一位大教育家。我敢说：自有学校以来，自有教师以来，未有盛于李先生者也。

——丰子恺：《为青年说弘一法师》

李叔同任教浙一师，对改变浙江地方中小学艺术教育的状况起了重大作用。由他培养出来的浙一师图画音乐专修科的学生，被分配到浙江各地中小学校以后，那里的艺术教育才有了革新的气象，进入了正常的轨道。原先没有的所谓写生、图案、五线谱、合唱、复音曲等等，也才开始出现在一般中小学校中。李叔同在

---

① 今译瓦格纳。
② 今译阿波罗。

浙一师任教期间培养出了刘质平、丰子恺、潘天寿、吴梦非、曹聚仁等一批日后卓有成就的文艺家。刘质平、丰子恺等在上海创办的艺术专科学校，继承和发扬李叔同的教育精神和教育方法，又培养了一批艺术教育人才和创作人才。20 世纪二三十年代，上海江浙一带中小学校中的艺术课教师，很大一部分是李叔同的弟子或再传弟子。

器识当衣钵

刘质平和丰子恺，是李叔同在浙一师培养的两大高足。一定程度上可以说，他们在艺术方面继承了老师的衣钵。

刘质平（1896—1978），浙江海宁人，进入浙一师后，耽于音乐，于其他功课不甚上心，往往不能及格。校长经亨颐慧眼识英才，给以宽容，直至毕业。刘质平在音乐方面展现出的素养极高，所下功夫之深又闻名校内，因而经亨颐能为之宽容。当然这些也都与李叔同对他进行的精心培养有关。

在李叔同到浙一师任教那年冬季的一天，积雪盈尺，这在杭州是很少见的。刘质平刚刚作曲一首，踏雪去向李叔同请教。

李叔同细阅一遍，久久地凝视着刘质平，若有所思的样子。刘质平没底了，不知道老师将怎样批评自己的作品，一时间惶悚羞愧，有置身无地之感。

待了会儿，李叔同说："今晚八点三十五分，请赴音乐教室，有话讲。现在先回去吧。"

刘质平唯唯而退。离李先生约定的时间还有好几个小时，在挨过每个小时的过程中，他直惶惶不

刘质平（1894—1978）

安。作品是凝聚了心血的，人是惶惑无助的，接下来自己和自己的作品会被李先生如何评价呢？

晚上，风雪越发地狂暴肆虐起来，气温骤然下降。刘质平按时前往。来到教室走廊，已有足迹在焉。但教室的门已然关闭，声音寂然。刘质平有些纳闷，他鹄立于走廊，耐心等候李先生。

过了约莫十多分钟，教室内的电灯忽然亮了起来，门也开了，只见李先生手里拿着表走了出来。随即，他指了指表对刘质平说："时间无误。你饱尝了风雪之味，可以回去了。"

此时此刻，此情此景，刘质平不知所以，只觉得心中有一股热浪在冲腾翻滚，可能是李先生意在打通他创作灵感的这么一出充满禅意的当头棒喝，在这一刹那同时唤醒了他对于恩师的依赖。此一曲一约，他已被李叔同认定是此生倾心栽培的音乐人，此后李先生每周亲授乐理一小时，再加钢琴一小时。及至赴南京兼课，李叔同又安排他从美国钢琴家鲍乃德夫人学钢琴，从而为刘质平日后深造打下了基础。刘质平常常对人说，自己与李先生之间名虽师生，情深父子。1916 年夏天，刘质平于浙一师毕业后，继恩师的足迹东渡日本留学，专攻音乐。李叔同依然循循善诱地关心着这位高足的修身与学业。他在信中反复地开导刘质平，为了将来"为吾国人吐一口气"，现在务必注意"三宜二勿"：

> 宜重卫生，避免中途辍学；宜慎出场演奏，免受人之忌妒；宜慎交游，免生无谓之是非；勿躐等急进，循序而行才是正道；勿心浮气躁。

还特别嘱咐说，人固不可无志气，如"志气太高""好名太甚"，一遇挫折，易生厌烦之心和悲观失望的情绪；唯有"务实循序""日久自有适当之成绩"。

在日本留学的第二年（1917），刘质平经济上遇到了困难，家中又无力解决，他忧虑重重，心神不定。这时的李叔同，已在

"陆续结束一切"，准备入山为僧，但他为了帮助刘质平克服眼下的难处，也正在想办法。他一方面劝告刘质平"君春秋尚盛"，不应灰心丧气，否则，恐将"神经混杂，得不治之症"，"学而无成，反致恶果"；一方面多方奔走，疏通关系。他求助于浙一师校长经亨颐，有意为刘质平向省教育厅申请资助，在一些官僚"荐一科长与厅长尚易，请补一官费生特难"的托词下，没有成功。李叔同又给某君写信求援。此君昔年留学时，曾受李叔同的资助，今日又担任着某官立银行的副经理。有这层关系，李叔同心想向他借钱，不能说是唐突之举。结果是，没有回音。李叔同感慨地说，此举"虽非冒昧，然不佞实自志为窭人矣，于人何尤！"。当时，刘质平需要的费用也不过洋钱千元左右，这点钱放在十年前，对家财万贯又爱才惜才的李叔同来说，算不得一回事。现在，他成了一个靠工资维持生计的教员，虽有心资助刘质平，却无力一次性拿出这么多钱来。多方联络又不得要领，他决定从自己工资中省下一部分，按月寄往日本，以帮助刘质平渡过难关。

1917 年冬天，李叔同给刘质平写信，详细叙述了自己的收支情况和打算：

> 不佞现每月收入薪水百零五元。
>
> 出款：
>
> 上海家用四十元，年节另加。天津家用二十五元，年节另加。自己食用十元。自己零用五元。自己应酬费买物添衣费五元。
>
> 如以是正确计算，严守此数，不再多用，每月可余二十元，此二十元即可以作君学费用。……将来不佞之薪水，大约有减无增。但再减去五元，仍无大妨碍（自己用之数内，可以再加节省）。如再多减，则觉困难矣！
>
> 又不佞家无恒产，专恃薪水养家，如犯大病不能任职，或由学校辞职或因时局不能发薪水，倘有此种变故，即无法

140

可设也。

接着，李叔同对刘质平说：

……倘以后由不佞助君学费，有下列数条必须由君承认乃可实行。

（一）此款系以我辈之交谊，赠君用之，并非借贷与君。因不佞向不喜与人通借贷也。故此款君受之，将来不必偿还。

（二）赠款事只有你吾二人知，不可与第三人谈及。家庭如追问，可云有人如此而已，万不可提出姓名。

（三）赠款期限，从君之家族不给学费时起至毕业时止。但如有前述之变故，则不能赠款（如减薪水太多，则赠款亦须减少）。

（四）君须听从不佞之意见，不可违背。不佞无他意，但愿君按部就班用功，无太过不及。……

李叔同在第四条提出须遵守的"意见"就是前面所说的"三宜二勿"。从此，李叔同按月给刘质平寄去二十元，解除了刘的后顾之忧。

1918年春天，多种因缘渐渐成熟，李叔同加快了入山修道的步伐。这时离刘质平毕业还有半年多时间。他给刘质平写信说：

君所需至毕业为止之学费，约日金千余元，顷已设法借华金千元，以供此费。

余虽修道念切，然决不忍置君事于度外，此款倘可借到，余再入山。如不能借到，余仍就职至君毕业时止。君以后可以安心求学，勿再过虑……

李叔同一丝不苟地履行着诺言，果真延宕到刘质平毕业回国，才去出家为僧。

李叔同的此恩此情，在刘质平的心目中，超过了自己生身父母的关怀。刘质平也是性情中人，他没有忘却李叔同的恩德。自李叔同出家，二十多年间，他义无反顾地承担了对恩师的供养。李叔同在浙东云游期间，每变换一处驻锡地，常常是由他去护送安顿。他时刻关心着恩师的健康，李叔同有疾病，他就想方设法送去药物，还不时地寄些补品。

1931年春天，李叔同在上虞法界寺生了一场大病，几至生西。病愈不久，宁波白衣寺住持兼孤儿院院长安心头陀来寺，约他同往西安，以筹济陕西灾荒。安心头陀伏地恳请，痛哭不止。李叔同无法推辞，给刘质平留下遗嘱后，与安心头陀一同上路了。刘质平得此消息，以恩师病后不胜长途跋涉，急忙赶去宁波码头劝阻。

刘质平赶到码头时，送行的人已经回到岸上，旅客们也大都进入各自的舱位，海员们正准备抽去舷梯，驶往上海的轮船即将起航。

刘质平火速奔向舷梯，登上甲板，又沿着扶梯冲向三层舱位，入舱找到了李先生。他苦口婆心地劝说先生不宜远行，但一向许诺践履的李叔同无意放弃前往西安的决定。无奈之中，刘质平只得自作主张，背起了李先生，下了船。待过了舷梯，刘质平放下恩师，两人抱头痛哭起来。

周围的人们，不知这一老一少、一师一生、一僧一俗之间究竟发生了什么事情。

刘质平背驮李叔同上岸的这场动人情景，长时间内成了人们赞叹师生之情的佳话。

刘质平之于李叔同，还有更令人赞叹的嘉行懿德。李叔同每次接受刘质平的供养，总要寄些字幅或书写的佛经作为回赠。他对刘质平说："我入山以来，承你供养，从不间断。我知你教书以来，没有积蓄，这批字件，将来信佛居士们中，必有有缘人出资收藏，你可将此款作养老及子女留学费用。"李叔同先后送给刘质平的书件数量盈千，整整装了十二口字画箱子，其中包括大部分

书法精品。抗日战争时期，刘质平雇船将这批字画秘密运出上海。传说日寇得知此事，立即派出卡车追踪搜寻，最后在刘质平的努力保护下，经过颠沛流离，这批字画中的大部分精品还是被成功地保存了下来。

刘质平为保护李叔同的这批书法精品，不能远出任职，一家人绝粮于浙西兰溪乡间，作小贩糊口。即在这般困厄处境中，刘质平也没有出售过恩师的一件作品。孔祥熙曾想趁火打劫，托人出五百两黄金为美国博物馆收买李叔同手抄《佛说阿弥陀经》，也遭到刘质平的拒绝。

刘质平的可贵，除了表现在终生不忘李叔同的栽培与养育之恩外，更主要的是，作为艺术大师的传人，他深知恩师作品的价值所在。"文化大革命"中，他已七旬高龄，冒着被批斗、被毒打的危险，他义正词严地对逼迫他交出李叔同艺术珍品的人说，生命事小，遗墨事大，我国有七亿人口，死我一人，不过黄河一粒沙子，而这批遗墨是我国艺术至宝，历史书法中之逸品，若有损失，无法复原，那才是真正有罪！他置身家性命于不顾，拼死保存了李叔同的墨宝。

刘质平发扬着李叔同的道德风尚，也继承其未竟之业，对我国现代音乐事业贡献良多。他留下了《弹琴教本》《歌曲作法》《实用和声教材》《键盘伴奏基本练习》等编著，培育了大批音乐人才。

护生照千年

丰子恺（1898—1975）是一位多才多艺的艺术家，在中国现代文学界中占有重要位置，同时在漫画、艺术教育、翻译、音乐等学科领域都有杰出贡献。1914年，他进入李叔同执教的浙江省立第一师范学校就读，绘画、音乐两科受教于李叔同。自担任丰子恺的教师开始，李、丰二人亦师亦友的深刻交往便拉开了一幅瑰丽的画卷。

丰子恺（1898—1975）

丰子恺欣赏的智慧导师，如李叔同、夏丏尊、马一浮等人，都有不眷恋名利，朝着理想一意前行的人格特质。丰子恺长时间或于重要时刻伴随在老师身边，因此常能运用如同侦探般的观察力，撷取老师生活细微的部分，从小处显示真相。他创作的这种具有艺术家洞悉力的肖像散文，也成为现今研究文化名人传记的重要依据，如李叔同、马一浮、夏丏尊、梅兰芳等名人的传记。

几乎所有关于李叔同的研究或传记，均会谈及他在俗时的学生丰子恺。丰子恺既是李叔同出家前最钟爱的弟子之一，又是李叔同出家后往还机会多的少数人之一，因丰子恺皈依佛门且两人长时间合作《护生画集》，因此丰子恺谈及李叔同之处，可说是弥足珍贵。丰子恺与刘质平同为李叔同出家前最钟爱的弟子，两人也都有文章记录师恩，但是两人的写法有相当的差异。以刘质平来说，他近身观察李叔同的文字，平实近于实录；丰子恺以艺术家之眼，文学家之笔描写李叔同，不但小中见大，且有弦外之音，和一般怀念李叔同的文章颇有不同。为何会如此？哪里有不同？丰子恺首先是受李叔同影响，才下定决心走上艺术道路的；也正因此丰子恺作品中的李叔同形象有着特别之处，李叔同在人格方面、艺术观念上多有启迪丰子恺之处，体现在丰子恺的笔下当然更为立体。丰子恺散文作品的思想表现，及至成名后师生合作绘制的《护生画集》，可说都深受李叔同的佛教思想影响。

丰子恺并没有进美术专科学校受过专业技法的训练，7 岁时，他心中绘画的种子初萌芽，他的父亲即反对他绘画，并以激烈的动作来阻止他：

第二天上书的时候，父亲——就是我的先生——就骂，几乎要打手心；被母亲不知大姐劝住了，终于没有打。……画一个红人，一只蓝狗，一间紫房子……可是我没有给父亲看，防恐吃手心。

对自己当时未能受到专业的指导，丰子恺曾有深深的遗憾：

　　假如我早得学木炭写生画，早得受美术论著的指导，我的学画不会走这条崎岖的小径。唉，可笑的回忆，可耻的回忆……

在遇到李叔同之前，民间游艺的沃土润泽了丰子恺：

　　最有力地抽发我的美术研究心的萌芽的，是上述的玩具和花灯。然而，给我的视觉以最充分的粮食的，也只有这种玩具和花灯。在人类社会的环境不能供给我视觉的粮食以前，我大约只能拿这些苟安的、空想的、清淡的形象来聊以充饥了。

　　他认为，自己学画初始是走上一条"崎岖的小径"。直到等来了李叔同，这位终于出现在他生命中的老师。他从李叔同学木炭写生画，读美术论著，方才将昔日的"画放大的人面像"差使搁下。

　　丰子恺17岁时，进入浙一师，这段时间，正是他绘画能力处于调整的阶段。这五年间，李叔同是他的图画、音乐教师。他教丰子恺掌握绘画的技巧，当时的校园充满图画、音乐的芬芳：

　　在当时我们的那间浙江第一师范里，看得比英、国、算还重……因为李先生的人格和学问，统制了我们的感情，折服了我们的心。

夏丏尊也说因为李叔同在校，使得学校重视美术、音乐教育。寡言的李叔同有一晚竟说出改变丰子恺一辈子命运的话：

> "你的图画进步快。我在南京和杭州两处教课，没有见过像你这样进步快速的人。你以后可以……"当晚这几句话，便确定了我的一生。可惜我不记得年月日时，又不相信算命。如果记得，而又迷信算命先生的话，算起命来，这一晚一定是我一生中一个重要关口。因为从这晚起，我打定主意，专门学画，把一生奉献给艺术……

虽然是"很轻"的声音，但却震耳欲聋。丰子恺说"我正梦想将来或从我所钦佩的博学的国文先生而研究古文，或……研究理化……研究外国文"，对前途并不确定。然而李叔同一席话，坚定了他的信心，使得丰子恺下定决心从事绘画，以此作为一生的志业。

毕业后，1919 年吴梦非、刘质平与丰子恺三人，共同创办上海第二所美术专科师范学校。初执教鞭，丰子恺能够对比老师李叔同的教学，反省自己的不足处。

丰子恺能在艺术界发展才华，日后担任上海画院院长，溯及源头即是因为李先生的恳切鼓励。陈星说：

> 如果没有李叔同，肯定就没有后来的艺术大师丰子恺、潘天寿。没有丰子恺、

潘天寿，中国的漫画史、图画史就必不是现在这个样子了。从这层意义看，李叔同为中国艺术、艺术教育又做出了卓越的贡献。

在丰子恺描绘李叔同的散文中，可以看出他并非单纯表达追慕之情，还蕴含互动的感情，这使得书面素描的人物展现立体化效果。丰子恺描写李叔同的《法味》（1926）、《为青年说弘一法师》（1943）、《〈弘一大师全集〉序》（1947）、《我与弘一法师》（1948）、《李叔同先生的文艺观——先器识而后文艺》（1957）、《李叔同先生的教育精神》（1957）等篇，都很重要，一定程度上塑造了弘一法师的形象。

丰子恺在《法味》中用侧面立笔描绘法师的部分，可谓别具一格。

> 弘一师见我们，就立起身来，用一种深欢喜的笑颜相迎。我偷眼看他，这笑颜直保留到引我们进山门之后还没有变更。……弘一师用与前同样的笑颜。……保持这笑颜，双手按膝而听他讲。我危坐在旁，细看弘一师神色颇好，眉宇间秀气充溢如故。……我只管低头而唯唯，同时俯了眼窥见他那绊著草鞋带的细长而秀白的足趾，起了异样的感觉。

叶圣陶《两法师》文中亦出现类似的描述：

> 弘一法师拔脚便走，我开始惊异他步履的轻捷。他的脚是赤了的，穿一双布绦缠成的行脚鞋。这是独特健康的象征，同行的一群人，那里有第二双这样的脚！

同样写小处，前文能暗示渲染仙风道骨之感，后者惟说明其健康与独特处。《法味》又说，暑假在石门湾家中，弘一、弘伞两法师突然来访：

> 我记得弘伞师向来是随俗的，弘一师往日的态度，比弘伞师谨严得多。此次却非常的随便，居然亲自到我家里来，又随意谈论世事。我觉得惊异得很，这想来是功夫深了的结果吧。

这种"随便"的态度，应是李叔同修养趋近平淡圆熟的境界。李叔同对丰子恺的启发，一是挖掘其画家天分，二是强化其人格修养与艺术心灵。就第二点来说，它们已经内化为丰子恺生命的重要部分。丰子恺曾说："弘一法师是我的老师，而且是我生平最崇拜的人。"他在《〈弘一大师全集〉序》中说：

148

> 我崇仰弘一法师，为了他是"十分像人的一个人"。凡做人，在当初，其本心未始不想做一个十分像"人"的人；但到后来，为环境，习惯，物欲，妄念等所阻碍，往往不能做得十分像"人"。其中九分像"人"，八分像"人"的，在这世间已很伟大；七分像"人"，六分像"人"的，也已值得赞誉；就是五分像"人"的，在最近的社会里也已经是难得的"上流人"了。

丰子恺这段话深具讽刺意涵。他说李叔同是"十分像人的一个人"，是说李叔同具有高超的道德境界，不凡的抱负与毅力，即使在困顿中也不流俗退缩，仍坚持自我理想。丰子恺在作品中，虽提及李叔同多才多艺与传奇的人生际遇，以及在艺术诸领域的重大贡献，但多略笔带过，反而常聚焦在他教育过程中的不言而教，对学生人格的培养。如《李叔同先生的文艺观——先器识而后文艺》：

李先生……在杭州师范的宿舍（校址即今贡院杭州一中）里的案头，常常放着一册《人谱》（明刘宗周著，书中列举古来许多贤人的嘉言懿行，凡数百条），这书的封面上，李先生亲手写着"身体力行"四个字，每个字旁加一个红圈。……他红着脸，吃着口（李先生是不善讲话的），把"先器识而后文艺"的意义讲解给我们听。……他认为一个文艺家倘没有"器识"，无论技术何等精通熟练，亦不足道，所以他常诫人"应使文艺以人传，不可人以文艺传"。

丰子恺说："这一天听了他这番话，心里好比新开了一个明窗，真是胜读十年书。"后来他的书架上一直有这册《人谱》。李叔同在1942年《与晦庐论文艺书》中说：

> 世典亦云"士先器识而后文艺"，况乎出家离俗之侣；朽人昔尝诫人云，"应使文艺以人传，不可人以文艺传"，即此义也。

传达出李叔同数十年后始终坚持"士先器识而后文艺"的观念。此外，李叔同仍时时惦记先父"事能知足心常惬，人到无求品自高"的遗联，恪守品格修养。丰子恺曾谈及艺术家自身的修养：

> 艺术以人格为先，技术为次。倘其人没有芬芳悱恻之怀，而具有人类的弱点（傲慢、浅薄、残忍等），则虽开过一千次个人作品展览会，也只是……"形式的艺术家"。

这种"以人格为先"的观念显然受弘一法师影响很深。

丰子恺文中谈到李叔同的人格，"值得我们崇敬的有两点：第一点是凡事认真，第二点是多才多艺"。《悼丐师》文中，丰子恺说："李先生的是'爸爸的教育'，夏先生的是'妈妈的教育'。"
说李叔同先生的是"爸爸的教育"，原因是：

> 李先生做教师，以身作则，不多讲话，使学生衷心感动，自然诚服。譬如上课，他一定先到教室，黑板上应写的，都先写好（用另一黑板遮住，用到的时候推开来）。然后端坐在讲台上等学生到齐。譬如学生还琴时弹错了，他举目对你一看，但说："下次再还。"有时他没有说，学生吃了他一眼，自己请求下次再还了。他话很少，说话总是和颜悦色的。但学生非常怕他，敬爱他。

丰子恺还补充说："就人格讲，他的当教师不为名利，为当教师而当教师，用全副精力去当教师。""李叔同先生的教育精神是认真的，严肃的，献身的。"

丰子恺9岁时，父亲即因病去世，进入浙一师求学后，李叔同成为他父亲形象的化身。丰子恺不断追随李叔同的履痕，其崇仰程度，明显得连周遭的朋友都察觉得到。朱光潜在《丰子恺的人品与画品》中写道：

> 当时一般朋友中有一个不常现身而人人都感到他的影响的——弘一法师。他是子恺的先生。在许多地方，子恺得益于这位老师的都很大。他的音乐图画文学书法的趣味，他的品格风采，都颇近于弘一。在我初认识他时，他就已随弘一信持佛法。不过他始终没有出家，他不忍离开他的家庭。

丰子恺在《我与弘一法师》中将艺术与宗教用"三层楼"说明，并认为"艺术的最高点与宗教相通"：

> 艺术家看见花笑，听见鸟语，举杯邀明月，开门迎白云，

能把自然当作人看，能化无情为有情，这便是"物我一体"的境界。更进一步，便是"万法从心""诸相非相"的佛教真谛了。故艺术的最高点与宗教相通。艺术的精神，正是宗教的。

受到李叔同的深刻影响，佛教与艺术合一，这成为丰子恺创作的基调，也是重要的特色。

151

前尘影事入空门

在浙江第一师范学校教书育人的李叔同，从决定皈依到出家仅有半载，这一期间他的心路历程势必悠长而复杂。

听闻他要出家，俞氏携二子守在家中。出家使俞氏异年破镜重圆的梦完全破灭，她必定是悲伤，李叔同对于家人的交代也成了一个谜题。

兄长李文熙不通佛学，对弟弟出家也不会赞同，弟媳及二侄没有收入，会加重他的负担。李叔同却不会动摇，曾说"你们只当我得'虎列拉'（霍乱）死去就完了"。

他的出家按说并不是一个突如其来的决定。以他的性格来说，向日籍夫人说清道理，安排善后，当是理所当然，何况关于出家之事，他对夫人不该也无法隐瞒。不过，后来她去西湖边痛哭流涕，求他还俗，掀起过不小的风波。学校放清明假时，李叔同返沪，那时他或许已对她有所交代，不过实情已经成谜，或许是李叔同的交代不够清晰吧。

李叔同在这个人生的路口，是如何面对曾经朝夕相处、耳鬓厮磨的亲人的，这个问题已无可考，留给后人不尽的想象空间。

1918 年 4 月初七，杨白民自沪莅杭，携来学生书画作品请李叔同和经子渊题跋，经子渊照办。杨白民与李叔同做了长谈，李叔同对出家事似未全说，否则杨白民会告知其日籍夫人。

他在假日或不上课时，仍去虎跑寺学习佛典，向法轮和了悟两长老请益，心逐渐沉静下来。此时天津故友王仁安正任杭州道尹，曾应李叔同之约到虎跑寺一晤，往返吟过二绝：

步步弯环步步奇，常愁路有不通时。却怜叠嶂层峦处，一曲羊肠到始知！

兴来寻友坐深山，竹院逢僧半日闲。归至清波门外路，又将尘梦落人间。

他预支了三个月的工资，临近出家时，金分三份：一份连同自己剪下的胡须托城东女校校长杨白民在披剃后交日籍夫人；第二份寄省政府转北平内务部脱俗籍入僧籍，为印花税及手续费用；一份留在受戒时补充斋饭费用。李叔同将所藏印章，包括自刻及友人所作，赠予西泠印社，印社为他在放鹤亭下边孤山石壁上凿龛封藏。叶舟为之题"印藏"二大字，并刻有题记。

农历五月，李叔同提前完成学生期考，把昔日装裱成卷轴的朱慧百、李苹香二妓所赠书画扇面二件，题其引首为"前尘影事"，附记说："息霜旧藏此卷子，今将入山修梵行，以贻丐尊。戊午仲夏并记。"六字结体略见瘦长，笔力坚实，点画中颤动着情谊。小记字体扁平，仍是魏碑章法，但比较自由。另有《高阳台·忆金娃娃》一词横幅，字体接近《前尘影事》，跋文道："戊午仲夏将入山，检奉丐尊藏之。演音。"他与夏丐尊是心魂之交，情超手足，语默会心，无人可以替代。得知李叔同将披剃，夏丐尊曾反复劝止，迨至理解，便随缘而行。

经子渊、姜丹书等先生也劝李叔同在艺术上继续耕耘，以期大成，李叔同无所动。

5月22日，李叔同书直幅"南无阿弥陀佛"赠杨白民，写得厚朴静穆，力透纸背，显示出极深的碑学功力，虔敬，宽博。附有小笺："赠兄之阿弥陀佛直幅，乞收之。又一小条，乞交质平

（孝先款）。其余四包乞依包面所写者分赠之。费神，至交不言谢也。又《类腋》及《楹联丛话》各一册，系前送上之书籍内所缺者，故补奉之。附致质平函，乞转交。弟明晨入山。"（阳历 7 月 1 日）信笺系李叔同自画造像，坐芭蕉叶上。

李叔同将自己平生所藏图书珍玩，悉赠皖南崔要飞居士。崔氏得赠品后集于一室，中供佛像。

6 月上旬，李叔同请来夏丏尊正式告辞，将来杭后临古碑书法上千张还有僧人不宜用的金表，赠给了他。

有关绘画的书籍都留给了丰子恺，音乐资料付予刘质平，赠书法多件予褚申甫，笔砚碑帖赠周承德，仅留下《清颂碑》一件自带。李鸿梁、吴梦非、金咨甫、李增庸、王平陵等也得到纪念品，衣服归刘、丰两弟子。油画作品早已寄北平美术专科学校。

世事一尘轻，了却挂牵少。

工友闻玉每天为李叔同做素食，磨墨，清扫，屋里渐渐空了，他沉默，暗暗为先生哀伤，难以分手，又无法挽留。

李叔同亲手点上几支红烛，火焰摇曳。

1917 年春，姜丹书母亲强太夫人殁于胃癌，其至交吴岭撰写好墓志铭，曾跽请李叔同丹书用以刻碑。此事牵动李叔同对亡母的思念，久未命笔。后来他专心礼佛，拖了下来，但时时想起，早已胸有成碑。今夜必了此事，便沉心调息，一笔不苟地写起来。文十九行，铭三行，引首一行字略大，署名一行，计五百四十九字，写得雄健工整，稳朴畅和，书卷味足，一派北碑气息，是李叔同出家之前作为俗人的绝笔。

次日午后，闻玉挑着小小行李

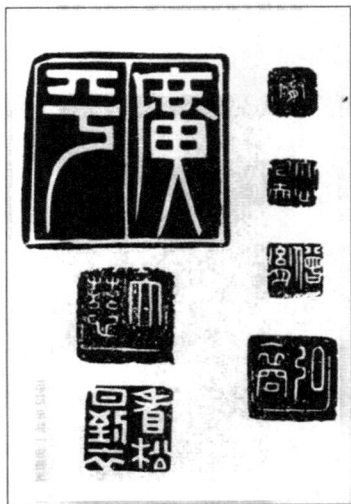

李叔同出家前后用印

154

卷，仅夏丏尊一人送出校门，他只当李叔同入山习静，仍是居士，未必真做僧人。相知已久，反复叮咛，仍是几句老话，一片至诚。此时李叔同阻止了他，嘱他回校，不必远送。

夏丏尊踟蹰片刻，还是从命伫立，目送他与闻玉渐小的身影没入树林深处。

等到经子渊、姜丹书等闻讯赶到李叔同原先寓所，房门大开，笔已折断，被掷在书案上。碑文墨香四溢，笔笔透纸，清润峻拔。地上和四壁扫得干干净净，主人走得何等从容！大家感喟一番，怅然而散。

6月底，李叔同偕闻玉来到大慈山虎跑寺，在阶前放下行李。李叔同入大殿拜过佛，请闻玉稍待，自己先入内院，在寮房找到了悟老法师，被安排在一间静室下榻：

"闻居士请回吧！行李让我自己扛了！"

"不！先生……"闻玉喃喃。

"住学校七年，多亏照应，断食出家，有居士一分功德！"李叔同扛着行李就走。

"不！先生……"闻玉泫然相随。

先生放下行李就去扛铺板。

"先生！我去！"

李叔同摇头一笑，自己动手。

闻玉知道先生个性，不敢强求，只觉得他太苦。

次日，先生耐心解释，闻玉仍依依不忍去。

姜丹书当时记录下这个场景：

　　入山之日，未破晓即行，故余等清晨赴校送行，已不及，仅一校役名闻玉者，肩一行李萧然随行。及至虎跑寺后，上人易法服，便自认为小僧，称闻玉曰"居士"，坐闻玉，茶闻玉，顿时比在校中，主宾易位，已使闻玉坐立不安。少顷跣足着草鞋，打扫陋室，闻玉欲代之，不可；自捎铺板架床，

155

李叔同出家前书赠夏丏尊的尺幅

闻玉强请代之，又不可；闻玉乃感泣，不可仰视；上人反安慰之，速其返校。闻玉徘徊不忍去，向晚，始痛哭而别出。

分手半月的夏丏尊来，李叔同已著僧衣芒鞋，头皮剃得光光，俨然是一僧人了。

"不是说暂时做居士，在这里住住修行，不出家的吗?"

"这也是你的意思，你说索性做了和尚……"

夏丏尊感慨横生，一时说不出话来。平日至交弃他遁入空门，令他不胜寂寞。夏丏尊深悔不该留李叔同在杭州，若早离去，不看日本杂志，不断食，或不至于有这结局。

李叔同辞去教职之际，夏丏尊在苦痛纠结中不能自制地对他说过这样一番话:

156

"这样做居士究竟不彻底，索性做了和尚，倒爽快!"

脱口而出之后，夏丏尊又感到很后悔。

李叔同仍是笑颜相对，毫不介意。

面对剃度之后的李叔同，夏丏尊一时无语，只觉当时的画面历历在目。

"令尊大人病情好转了么?"李叔同的问候使夏丏尊回到现实。

"这半个月来更沉重了。"

李叔同安慰一阵，又介绍了念佛之法，请他稍坐，走进禅房用半小时写了出家后第一件赠友书法。

李鸿梁来拜谒李叔同，被门人阻，李叔同闻迎，向守门者道歉:"对不起，他是我的学生!"

李鸿梁这时见到了已经换上僧衣的老师，他动笔写下了当时的观感:

已经完全是个苦行头陀了，我的鼻子忍不住酸起来了。法师关照我：以后去时，须事先约定日期时间，以免再受阻难。后来谈到经济，法师说，他现在每月四五角钱已足，衣服自己洗，除买邮票以外，可以不用钱。所以一时还不需要。临别时，法师拿出一张毛边纸给我……我拿了这张字，只得默默地退了出来。从此我有好几天，吃饭不知其味。

参考文献

1.《弘一大师全集》1—10 册，福建人民出版社 1991—1993 年版。

2.《弘一法师年谱》，林子青著，宗教文化出版社 1995 年版。

3.《弘一法师纪念集》，郭凤岐主编，天津人民出版社，2000 年版

4.《李叔同歌曲集》，丰子恺编，音乐出版社 1958 年版。

5.《李叔同——弘一法师歌曲全集》，企释、培安编，上海音乐出版社 1990 年版。

6.《弘一大师遗墨》，夏宗禹编，华夏出版社 1987 年版。

7.《前尘影事集——弘一法师遗著》，康乐书店 1949 年版。

8.《护生画集》，丰子恺画，上海译文出版社 2012 年版。

9.《弘一大师有关人物论文集》，陈慧剑主编，弘一大师纪念学会，1998 年。

10.《新艺术的发轫——日本学者论李叔同与丰子恺》，中村忠行、西模伟编，西泠印社出版社 2000 年版。

11.《弘一大师的前世今生》，田涛著，东方出版社 2009 年版。

12.《弘一大师传》，陈慧剑著，中国建设出版社 1989 年版。

13.《悲欣交集——弘一法师传》，金梅著，上海文艺出版社 1997 年版。

14.《李叔同——弘一大师研究一百年》，曹布拉著，方志出版社 2005 年版。

15.《弘一大师传》，陈慧剑著，三民书局 1965 年版。

16.《弘一大师今论》，弘一大师·丰子恺研究中心编，天马出版有限公司 2004 年版。

17.《一轮明月》，武华著，作家出版社 1999 年版。

18.《佛天艺海——丰子恺与李叔同传奇》，陈星著，文殊文化有限公司 1990 年版。

19.《半世文人半世僧——李叔同》，蒋心海著，中和出版 2012 年版。

20.《百年家族——李叔同》，田涛著，文绪文化事业有限公司 2001 年版。

21.《旷世凡夫——弘一大师传》，柯文辉著，东方出版中心 1998 年版。

22.《李叔同——弘一法师》，天津市政协文史资料研究委员会、天津市宗教志编委会编，天津古籍出版社 1988 年版。

23.《人间爱晚晴》，陈法香著，大法轮书局 1948 年版。

24.《弘一大师书法传论》，方爱龙编著，西泠印社出版社 2001 年版。

25.《中国早期话剧与日本》，黄爱华著，岳麓书社 2001 年版。

26.《李叔同——弘一大师影志》，郭奉岐主编，天津人民出版社 2000 年版。

27.《丰子恺文集》1—7 册，丰一吟等编，浙江文艺教育出版社 1990—1992 年版。

28.《美术教育论》，石井柏亭著，成美堂书店 1936 年版。

29.《花甲录》，内山完造著，岩波书店 1960 年版。

30.《中国的文人》，王瑶著，大修馆书店 1991 年版。

后　记

　　当我动笔写这篇后记的时候，恰逢今天这样一个日子——李叔同逝世七十四周年忌日。这让我不禁感到冥冥之中缘分的神奇；更让我的情感涌动，深刻地体会了李叔同临终前的遗墨——悲欣交集——这四个字的醍醐味。

　　能够动笔写李叔同这样一位历史人物，让我在对历史的回顾中有很多感慨，我也很荣幸能够在这本读物里分享一下我自己的感受。这一切出于主编乔力老先生和济南出版社的厚爱，以及挚友张昊苏的推荐和协助。只是这部读物还称不上是一部称心的作品，重新读之会让我感到深深的自责，感到自己不仅学识短浅，而且不够努力。本来，对于李叔同这样的文化巨人，理想的方式是站在他的肩膀上向更远的地方眺望；而我只不过是像十八九个世纪以前的寓言所说的一样，蒙着眼睛试图用有限的触觉知觉来感知一个大得多的全貌。

　　李叔同无疑是一位妙人。通过这样一本小书的创作，走近他，进行一段神交，对于我来说不失为一次有趣的相逢。中国国土广大，"文化中国"更是浩瀚无垠。精神世界里，在探索学问之道途中，能和大师有一段如此相逢，我感慨无量。他如鹤般清癯的身影、如银铃般清澈的声音，仿佛就在眼前耳边。他所立之处，花枝春满，天心月圆。

　　我从事历史学研究，私下总是把这一过程当作一段旅行，能

够穿越时间和空间，见证一些场景、与一些人相会。我是爱着旅行的，努力地去亲身体验津门之市井趣味、沪上之海派风华、东京之新潮浪漫、杭州之风雅娴静、厦门之端庄迷人。李叔同领着我再次神游了这些地方，随着他踏过的足迹，我把这些亲身经历过的文化上的感知先投射到 19 世纪，再随着大师的足迹串联起来，这是极其奇妙的体验。

当然，写作的过程并非自始至终在奇妙的体验中愉悦地度过。围绕着李叔同的研究从 20 世纪 80 年代以来勃兴，优质的论著相当丰富，横贯了文学、音乐学、历史学、艺术史学、文化学、宗教学、美学等多个学科，在"历史反思""国学热""社会科学的新思潮""科学精神与主体的弘扬""人文精神""文化学研究"等多个维度上取得了相当的进展。品读和梳理这些先行研究不易，除了这项工作本身并不轻松外，还让我不得不时刻逼问自己：我独自的见解想法到底在哪里？截稿日期日益临近，翻阅文稿时我还感到很不满意，感觉这样一部以浮躁的心性写出来的读物，距离大师的境界不亦远矣！

思想是神奇的工具，借助思想，能够在今天透过很多的手段回顾过去，认识曾经鲜活的人物，与他们接触、交游、讨论……

最后感谢这本小书的读者。有缘并肩走上文化中国探索之旅，一同去拜见巍然伫立的大师，与有荣焉。

段宇谨识

李叔同逝世七十四周年忌辰一稿

二〇一七年七月吉日二稿

于东京研绵斋

图书在版编目（CIP）数据

李叔同：明月照天心/段宇著. —济南：济南出
版社，2019.9（2022.10 重印）
（文化中国. 边缘话题. 第五辑）
ISBN 978 – 7 – 5488 – 3861 – 6

Ⅰ. ①李…　Ⅱ. ①段…　Ⅲ. ①李叔同（1880 – 1942）
—传记　Ⅳ. ①B949.92

中国版本图书馆 CIP 数据核字（2020）第 039090 号

李叔同：明月照天心
段　宇　著

出 版 人　崔　刚
整体策划　丁少伦
责任编辑　吴敬华
装帧设计　侯文英
出版发行　济南出版社
地　　址　济南市二环南路 1 号（250002）
发行热线　0531 – 86131731　86131730　86116641
编辑热线　0531 – 86131722
网　　址　www.jnpub.com
经　　销　新华书店
印　　刷　济南龙玺印刷有限公司
版　　次　2020 年 3 月第 1 版
印　　次　2022 年 10 月第 2 次印刷
规　　格　150 毫米×230 毫米　16 开
印　　张　10.75
字　　数　195 千字
印　　数　4001 – 5000 册
定　　价　49.00 元

（济南版图书，如有印装错误，请与出版社联系调换。联系电话：
0531 – 86131736）